W0323840

Victoria Bindrum

Muschelsammeln für die Seele

VICTORIA BINDRUM

Muschel sammeln für die Seele

Das kleine Buch der Erholung

allegria

MIX
Papier
FSC FSC® C014496

Allegria ist ein Verlag der Ullstein Buchverlage GmbH
www.ullstein-buchverlage.de

ISBN 978-3-7934-2415-4

© Ullstein Buchverlage GmbH, Berlin
Lektorat: Ulrike Gallwitz
Umschlaggestaltung: zero-media.net, München
Satz: LVD GmbH, Berlin
Gesetzt aus der Granjon
Druck und Bindearbeiten: GGP Media GmbH, Pößneck

Inhalt

Teil 1

Was Sie über Erholung wissen sollten

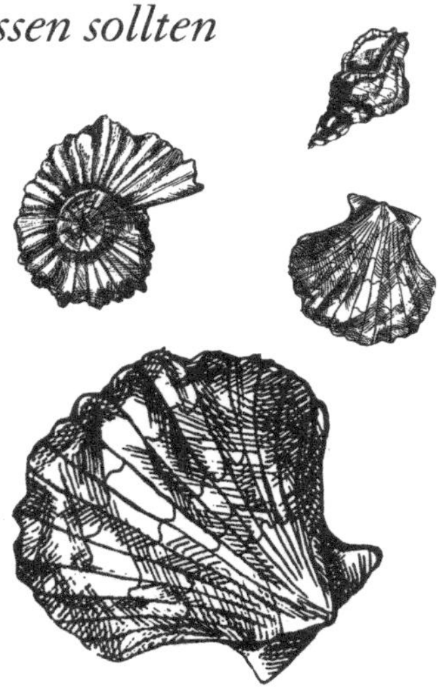

Einleitung

Für immer Wochenende

Packen Sie die Badehose ein

Muschelsammeln für die Seele – wie viel hat dieses Bild mit Ihrem Alltag zu tun?

Wenn Sie morgens aufwachen und feststellen, dass Sie verschlafen haben, dann zur Arbeit hetzen und konzentriert vor dem Bildschirm sitzen, zwischendurch ein zähes Meeting mit Ihrem Chef, dann Mittagspause am Schreibtisch, in der Sie sich schnell ein Sandwich einverleiben, irgendwann der viel zu späte Feierabend, trotzdem schnell noch eine Runde joggen, währenddessen schreibt Ihnen der enttäuschte Partner, dass er Sie gar nicht mehr zu Gesicht kriegt, zu Hause stellen Sie fest, wie unaufgeräumt die Wohnung ist, na ja, wenigstens schalten Sie noch eine Waschmaschine an, was Ihnen allerdings erst kurz vor Mitternacht wieder einfällt. Nach dem Wäscheaufhängen liegen Sie im Bett und sind erst mal zu erschöpft zum Einschlafen.

Muschelsammeln für die Seele – ist das etwa keine Überschrift, die Sie Ihrem Leben geben würden?

Dazu kann ich nur eines sagen: Zum Glück halten Sie dieses Buch in den Händen! Es wird höchste Zeit, dass Sie erfahren, wie Sie Ihr Leben innerhalb kürzester Zeit so gestalten können, dass Ihr Alltag Ihnen vorkommt wie ein lang herbeigesehnter Sommerurlaub. Ein Szenario, das Sie wahrscheinlich für unmöglich halten, aber das ist es keineswegs. Ohne dass Sie es überhaupt bemerkt haben, sind Sie nach dem Lesen dieser ersten Sätze schon auf dem Weg in Richtung Strand – nicht auf Hawaii, in Malibu oder an der Ostsee, es gibt einen Strand in Ihrem Kopf, und dass Sie diesen Ort ewiger Ferienstimmung am Ende dieses Buches gefunden haben werden, ist mein Versprechen an Sie. Folgen Sie mir weiter?

Dann stellen Sie sich doch bitte im Folgenden einmal vor, Sie hätten genauso viel Zeit, wie Sie möchten. Sie müssten nicht arbeiten, nicht einkaufen oder kochen, Sie hätten keine familiären Verpflichtungen, keine Termine, rein gar nichts. Sie hätten einfach unendlich viel Zeit für sich. Was würden Sie tun? Höchstwahrscheinlich zieht es Sie wie die meisten von uns für ein kleines Schläfchen ins Bett, danach lesen Sie ein bisschen oder sehen fern, um dann noch einem anderen Hobby nachzugehen, wie Tanzen, Schwimmen, Zeichnen oder Spazierengehen. Abends legen

Sie sich in die Badewanne und setzen sich anschließend mit einer Weinschorle aufs Sofa, gucken einen guten Krimi, oder Sie treffen Freunde in einer Bar und führen angeregte Gespräche über irgendein Thema, das Sie zurzeit brennend interessiert. Nun gibt es zwei Möglichkeiten: Entweder es geht Ihnen während und nach diesem Tag so richtig gut, *oder* Sie fühlen sich aus irgendeinem Grund nicht so zufrieden, wie Sie es vermeintlich sollten. Woran könnte das liegen?

Vielleicht haben Sie es nicht geschafft, vormittags ein Nickerchen zu halten und sich stattdessen hin und her gewälzt, obwohl Sie wirklich unangenehm müde waren. Oder Sie konnten sich anschließend nicht aufs Lesen konzentrieren, das Buch war langweilig, der Film hat ein Thema angesprochen, das Ihnen schlechte Stimmung bereitet hat, nach der Weinschorle hatten Sie Kopfschmerzen oder in der Bar hat es dermaßen nach Rauch gestunken, dass es Sie regelrecht aggressiv gemacht hat. Oh, wie gemein von mir, Ihnen dieses Szenario zu vermiesen! Aber ich musste es tun, damit wir gemeinsam auf dem Strandweg bleiben. Die Sache ist nämlich die: Wir sitzen tagtäglich widerwillig bei der Arbeit, räumen zu Hause gelangweilt das Geschirr in die Maschine, spielen halbherzig mit unseren Kindern oder hängen genervt in der Warteschleife beim neuen Stromanbieter, wobei wir der Meinung sind, es würde uns ganz wunderbar gehen, wenn wir bloß freihätten und mit unserer Zeit tun und lassen könnten, was wir wollen. Aber das stimmt nicht.

Können Sie sich nicht auch an Urlaube erinnern, die vollkommen nach hinten losgegangen sind? In denen wir uns gestresst gefühlt, mit dem Partner gestritten, geweint, gewütet, geschimpft haben. Urlaube, in denen wir allgemein unzufrieden gewesen und vielleicht sogar vor lauter Erschöpfung krank geworden sind? Freizeit zu haben, im Urlaub zu sein, ins Wochenende zu gehen – all das sind keine Garantien für das gelöste Strandgefühl, nach dem Sie sich sehnen. Auch wenn es für Sie paradox klingen mag: Erholung findet in Ihrem Kopf statt. Nirgendwo sonst. Sie liegt weder in den Schweizer Alpen noch auf dem Rücken eines Kamels in der Wüste der Vereinigten Arabischen Emirate. Das ist eine wunderbare Tatsache und zugleich ein wichtiger Meilenstein auf unserem gemeinsamen Weg.

Logisch, denken Sie jetzt vielleicht. Aber erinnern Sie sich, dass ich eingangs versprach, Ihr Alltag werde sich nach dieser Lektüre anfühlen wie ein lang ersehnter Sommerurlaub? Das haben Sie mir bestimmt nicht geglaubt. Ich hoffe, das hat sich bereits etwas geändert, denn Ihren Kopf haben Sie schließlich immer dabei – also ist auch Erholung dauerhaft und überall möglich. Was für ein glücklicher Umstand! Denn – und das ist die schlechte Nachricht – dieses Buch kann Ihr Erleben zwar tatsächlich nachhaltig verändern, aber Sie müssen trotzdem weiterhin arbeiten gehen und ich empfehle Ihnen auch, die Wäsche wie gehabt zu waschen. Kurzum: Ich kann Ihnen nicht mehr freie Zeit bescheren, aber ich kann Ihnen zeigen, wie Sie Ihre knappen Zeitfenster optimal nutzen, auch unliebsame Tätigkeiten mit Hängemattengefühl meistern und sich danach weder ausgelaugt noch genervt, sondern kraftvoll und erfüllt fühlen werden. Jetzt schreien Sie wahrscheinlich innerlich: Ja, genau das will ich!

Um also schnellstmöglich dieses Ziel zu erreichen, wird es in jedem Kapitel einige Kernaussagen geben, die Sie als eine Art Wegweiser betrachten können. Sie werden am meisten von diesem Buch profitieren, wenn Sie diese Sätze rausschreiben, in ein Notizbuch oder auf ein Blatt Papier. Sie können sie auch auswendig lernen – ich zum Beispiel mache so etwas wirklich gern! – oder sie sich in den Notizen Ihres Handys speichern, so haben Sie Ihre Reiseroute zur Erholung immer dabei. Außerdem finden Sie am Ende dieses Buches fünf »Quicktipps«, die Sie als kleinen Erste-Hilfe-Koffer in Sachen Erholung zurate ziehen können, wenn es mal ganz schnell gehen muss und Sie das Gefühl haben, der Strand in Ihrem Kopf gleicht eher einer Kiesgrube im Ruhrgebiet.

Falls Sie jetzt in Versuchung geraten, die Lektüre zu überblättern, um gleich auf diese Schnellspur zur Erholung zu wechseln, muss ich Sie allerdings warnen. Das ist nämlich in etwa so, als wollten Sie die USA kennenlernen und würden dazu übers Wochenende mit dem Flugzeug nach New York jetten – bestimmt ein toller Trip, aber Land und Leute lernen Sie definitiv besser kennen, wenn Sie einen Roadtrip mit dem Auto von Washington nach Florida machen.

Genau das haben wir vor. Wenn Sie der ganzen Reiseroute folgen, werden Sie am Ende des Buches Experte für Ihre eigene Erholung sein und Ihr Leben grundlegend verändern können – doch um dieses Ziel tatsächlich zu erreichen, brauchen wir zunächst eine klare Vorstellung davon, was wir uns *überhaupt* wünschen, wenn wir von Erholung sprechen.

Das Schnabel-Problem

Bevor Sie weiterlesen, beantworten Sie bitte folgende Frage für sich: Was verstehe ich eigentlich unter Erholung? Notieren oder merken Sie sich mindestens fünf Stichworte.

Wahrscheinlich taucht auf Ihrer Liste zumindest einer der folgenden Punkte auf, wenn nicht sogar mehrere:

Entspannung
Zeit für mich
Schlaf
Abschalten vom Alltag
Urlaub
keine Termine
Ruhe

Wissen Sie was? Das sind alles *richtige* Antworten – und das sage ich jetzt nicht aus pädagogischen Gründen, um Sie irgendwie zum Weiterlesen zu ermutigen. Das ist nämlich so ähnlich, als würde ich Sie fragen, was eine Möwe ist. Vermutlich antworten Sie dann: Eine Möwe ist ein Vogel, sie hat einen orangefarbenen Schnabel, zwei Flügel, weiße, graue und schwarze Federn, zwei Beine und Füße, mit denen sie umherwatscheln kann und so weiter. Keine Ihrer Angaben ist falsch. Allerdings macht ein Schnabel noch keine Möwe. Genauso wenig ist irgendeiner der oben aufgeführten Punkte gleichzusetzen mit Erholung.

Ein gutes Beispiel dafür ist unser alljährlicher Urlaub: 73,6 Milliarden Euro gaben die Deutschen im Jahr 2017 für Urlaubsreisen aus und 76 Prozent der Befragten nennen als Reisegründe Erholung und Gesundheit. Eine finnische Metastudie belegt jedoch, dass der Erholungseffekt eines Urlaubs nach etwa einer Woche schon verpufft, nach spätestens drei Wochen ist er vollständig verschwunden. Und zwar ganz egal, wie lange Sie an der thailändischen Küste schnorcheln. Wenn Sie für gute Erholung also ausschließlich auf Ihren Urlaub setzen, ist das wahrscheinlich einer der Gründe, warum Sie dieses Buch lesen. Ähnlich ist es mit dem Yoga: Fast drei Millionen Deutsche praktizieren inzwischen regelmäßig Übungen dieser indischen Lehre. Müssten wir nicht längst permanent von innen heraus strahlen? Yoga ist doch ein sehr wirksames Mittel zur Erholung, die Kursgebühren werden sogar von vielen Krankenkassen zur Stressprophylaxe übernommen. Die Stressstudie der Techniker Krankenkasse aus dem Jahr 2016 belegt jedoch, dass 61 Prozent der Deutschen sich noch gestresster fühlen als drei

Jahre zuvor. Ernüchternd. Wir tun mehr denn je für unsere Erholung, und trotzdem will es nicht so recht klappen. Das, was wir da im übertragenen Sinne tun, ist jedoch nichts weiter, als vor einem Blatt mit lauter gezeichneten Schnäbeln zu sitzen und zu rufen: »Ich will jetzt aber eine Möwe – warum klappt das bloß nicht?!«

Wir müssen die Sache anders angehen und uns darüber klar werden, dass wir uns im Grunde nach einem *Gefühl* sehnen, wenn wir von Erholung sprechen, es sich aber in Wahrheit um einen Prozess handelt. Diese Tatsache steckt mehr oder weniger schon im Wort selbst: Erholung bedeutet, dass wir uns aktiv etwas zurückholen, das uns blöderweise abhandengekommen ist, nämlich unsere Energie, die wir so dringend brauchen, um den Alltag zu bewältigen und vor allem *zu genießen*. Das zu durchschauen ist tatsächlich die halbe Miete, denn wir können uns zwar (leider) nicht irgendwelche Wunschgefühle herbeizaubern, aber wir können einiges dafür tun, dass sie sich einstellen.

Achtung: Mit »Tun« sind nicht bloß bestimmte Handlungen gemeint, wie in den Urlaub fahren, Sport machen, ins Kino gehen, Yoga praktizieren – das wäre dann wieder das Gleiche, wie lauter Schnäbel zu zeichnen. Ich spreche vor allem vom »inneren Tun«: verstehen, bewusst machen, entdecken, innehalten. Zugegeben, das klingt ein wenig nach der Aufforderung: »Denken Sie sich erholt!« Dabei sollen die Gedanken, die ich in diesem Buch mit Ihnen teile, vielmehr als eine Art Floß dienen, mit dem Sie zum Ufer Ihres Strandes gelangen können. Wenn Sie dort angekommen sind, müssen Sie keineswegs ständig die Merksätze oder Quicktipps aus dem Buch parat haben, um sich zu erholen. Es reicht, diese bei Bedarf abzurufen und sich ansonsten damit zu beschäftigen, was Sie an Ihrem Strand am liebsten tun möchten. Erholung ist also ein Prozess, von dem Sie zunächst wissen müssen, wie er funktioniert, um ihn dann problemlos initiieren zu können.

Natürlich sehnt sich kein Mensch nach einem Prozess. Wir wollen schnelle Ergebnisse und wir wollen uns vor allen Dingen gut fühlen. Ich hoffe, ich kann Ihre Motivation daher steigern, wenn ich Ihnen verspreche, dass Erholung ein sehr angenehmer Prozess ist. Außerdem spüren Sie tatsächlich schon intuitiv, was Studien belegen: Es gibt einen Zusammenhang zwischen Erholung und Wohlbefinden. Wenn wir körperlich und psychisch genügend Energie haben, stellt sich auch die gute Stimmung oftmals wie von selbst ein. Außerdem ist Erholung nachgewiesenermaßen eine wichtige Voraussetzung für unsere Leistungsfähigkeit. Wenn wir erholt sind, geht uns die Arbeit viel leichter von der Hand und auch das ist erfreulich. Es gibt dazu eine sehr schöne Geschichte, deren Urheber unbekannt ist:

Ein Waldarbeiter hat die Aufgabe bekommen, Bäume zu fällen. Er hat eine sehr gute Säge und bereits am ersten Tag fällt er zehn Bäume. Das ist ein voller Erfolg, der ihn un-

glaublich motiviert. Am zweiten Tag legt er also voller Elan wieder los, doch das Ergebnis sind diesmal nur acht abgeholzte Bäume! Am nächsten Tag will er diese Einbuße wieder wettmachen, er arbeitet härter denn je und macht sogar Überstunden. Als es dunkel wird und er vollkommen kraftlos ist, hört er auf – da hat er gerade einmal fünf Bäume gefällt. Sein Chef, ein sehr weiser Mann, kommt in den Wald, um seinen Arbeiter zu suchen und findet ihn schließlich vollkommen kaputt am Waldrand sitzen.

»Was ist denn mit Ihnen passiert?«, fragt er besorgt.

»Ich weiß auch nicht, was mit mir los ist. An meinem ersten Arbeitstag habe ich zehn Bäume gefällt, gestern waren es nur noch acht und heute gerade mal fünf! Wenn das so weitergeht, bin ich Ihnen in ein paar Tagen überhaupt gar keine Hilfe mehr.« Resigniert lässt der Mann den Kopf hängen.

»Das glaube ich nicht«, entgegnet ihm sein Chef und klopft ihm lachend auf die Schulter. »Kann es sein, dass Sie vor lauter Arbeit einfach vergessen haben, Ihre Säge zu schärfen?«

Die Moral etwas lapidar ausgedrückt: Ohne Erholung läuft's nicht. Ich finde die Geschichte aber auch insofern interessant, als sie uns noch etwas anderes lehrt: Manchmal sind wir viel zu beschäftigt, um überhaupt zu bemerken, dass wir uns dringend erholen müssten – denn gewissermaßen geht es uns tagtäglich ähnlich wie dem Waldarbeiter in der Geschichte.

Die Tücken des 21. Jahrhunderts

Nehmen wir einmal an, dass ein wichtiger Aspekt in Sachen Erholung das gedankliche Abstandnehmen von Belastungsquellen ist. Dann hatten wir es früher natürlich viel leichter! Da gab es nicht wie heute Dienstpläne, die man online einsehen kann, kein E-Mail-Postfach, das wir noch mal eben checken, keine Kollegen, die uns immer und überall erreichen können, kein Instagram, kein Facebook mit Followern und Freunden, die regelmäßig mit Informationen versorgt werden wollen. Wird uns dadurch auch in den eigenen vier Wänden die Erholung genommen, brauchen wir diese mehr denn je, zudem müssen wir stärker auf unser Erholungsbedürfnis achten, weil wir durch all diese technischen Errungenschaften, wie unser Smartphone, ständig abgelenkt werden. Das ist eine ungünstige Entwicklung, die wir uns erst mal bewusst machen müssen, um ihr entgegenwirken zu können. All die neuen Freiheiten, die uns das Internet und die neuen Medien bieten, führen letztendlich dazu, dass wir uns vom Strand in unserem Kopf immer weiter entfernen und stattdessen mit unseren Laptops in überfüllten Cafés sitzen und Online-Marketing für uns selbst betreiben. Ich übertreibe? Vielleicht ein wenig.

Es ist aber keineswegs meine Absicht, schwarzzumalen, ich möchte Sie vielmehr darin bestärken, dass Sie recht haben: Ihr dringendes und beinahe ständiges Bedürfnis nach Erholung ist kein Zeichen dafür, dass

Sie etwas falsch machen oder psychisch irgendwie instabil sind, sondern es beweist, dass Sie einwandfrei wahrnehmen, was Ihr Körper und Ihr Geist brauchen. Dazu möchte ich Sie beglückwünschen. Ich schlage also vor, dass wir alle unsere Handys und Laptops in die Ostsee schmeißen! Nein, natürlich nicht. Es reichen ein paar Ideen und Impulse, die uns dabei helfen, trotz ständiger Erreichbarkeit, genügend Erholung im Alltag zu finden und den Mut, sie uns auch zu nehmen. Ein guter Punkt. Warum scheuen wir uns überhaupt so sehr davor, uns mehr Erholung zu gönnen? Haben wir tatsächlich keine Zeit, oder stellen wir das Krafttanken bloß hinten an?

Helen Heinemann, Sozialpädagogin und Autorin, die das Institut für Burnout-Prävention in Hamburg gegründet hat, sieht Selbstwertschätzung als eine der wichtigsten Voraussetzungen für Erholung an. Sie erklärt das mit einer interessanten Analogie: Wir alle kennen aus der biblischen Schöpfungsgeschichte den Satz: »Und er sah, dass es gut war.« Wann haben Sie zuletzt einfach »gesehen, dass etwas gut war«, und sich daraufhin Ihrer Erholung gewidmet? Wenn sogar *Gott* sich ausruhen muss, nachdem er so viel geleistet hat, brauchen wir uns wohl nicht zu wundern, wenn wir nachmittags das Bedürfnis verspüren, uns ein wenig aufs Ohr zu legen! Was hat dieser schöne Vergleich nun mit unserem Selbstwert zu tun? Wir müssen das, was wir tagtäglich leisten, anerkennen und schätzen, um unsere anschließende Freizeit zu genießen. Wenn Sie das berechtigte Gefühl haben, Erholung zu brauchen, ist dies also auch ein Zeichen dafür, dass Sie sich zu wenig auf die Schulter geklopft haben. Was uns davon abhält, ist ebenfalls ein Phänomen unserer Zeit: die Selbstoptimierung. Was wir auch machen, es ist vermeintlich nie gut genug. Wir arbeiten länger, besuchen mehr Volkshochschulkurse, opfern uns für die Familie auf, bis wir schließlich nicht mehr können. Es ist schwierig, sich unserem Zeitgeist gänzlich zu entziehen, genauso wenig wie wir ohne Weiteres unsere Handys und Laptops aus unserem Leben verbannen können. Außerdem hat die Selbstoptimierung, genau wie das Internet und unsere Smartphones, seine Vorteile. Im Grunde ist es wunderbar, dass sich so viele Menschen damit beschäftigen, »bessere« Menschen zu werden. Aber zu erkennen, dass die ständige Erreichbarkeit und das Streben nach Verbesserung Gründe dafür sind, weshalb wir der Erholung in unserem Leben aktiv mehr Raum geben müssen, kann sehr entlastend sein. Vielleicht spüren Sie diesen Effekt noch deutlicher, wenn Sie sich die beiden Kernsätze dieser Einleitung durchlesen und vor allem noch einmal auf sich wirken lassen:

Erholung ist das Zurückholen meiner geistigen und körperlichen Kräfte.

Mein Erholungsbedürfnis ist eine vollkommen richtige und wertvolle Wahrnehmung.

Kapitel 1

Die Möwenperspektive

Darf ich vorstellen: Unsere Modell-Erholungsbedürftigen

JENNI ist Ärztin und arbeitet auf der Intensivstation eines Universitätsklinikums. Der Job macht ihr Spaß und die Bezahlung stimmt, aber aufgrund von Einsparungen herrscht chronischer Personalmangel und sie muss jeden Tag Überstunden machen. In ihren Pausen versucht Jenni mit Powernapping neue Kraft zu tanken, was ihr aber meistens nicht gelingt, und wenn sie nach Hause kommt, ist sie so erschöpft, dass sie kaum in den Schlaf findet. Die erfüllende Arbeit mit den Patienten tröstet sie über ihre unmöglichen Arbeitsbedingungen hinweg, aber das Traurige an der Sache ist: Sie weiß, dass sie viel zugewandter, gründlicher und glücklicher bei der Arbeit sein könnte, wenn sie bloß jeden Morgen ausgeruht und frisch einen normalen 8-Stunden-Arbeitstag vor sich hätte. Stattdessen hat sie wegen des Schichtdienstes nicht mal mehr einen Tag-Nacht-Rhythmus. Ein Privatleben existiert quasi auch nicht mehr. Ihr letzter Partner hat sich von ihr getrennt, weil er sich komplett zurückgesetzt fühlte und ihre Gereiztheit nicht mehr ertragen konnte. Wenn Jenni ihre Familie trifft, kann sie sich meistens nicht auf die Gespräche konzentrieren, weil sie in Gedanken noch oder schon wieder auf der Station ist. Dabei wünscht sich die junge Ärztin nichts sehnlicher als eine ausgeglichene Work-Life-Balance, aber dafür müssten sich die Bedingungen an ihrem Arbeitsplatz eben komplett ändern – ein schleppender Prozess, zudem fehlt ihr natürlich die Energie, um ihn voranzutreiben. Nun steht sie vor einem Dilemma: Einerseits müssen die Patienten natürlich weiterhin versorgt werden und sie fühlt sich ihrem Beruf verpflichtet, andererseits bedeutet das, sich dem permanenten Klinikstress auszusetzen. Wie könnte Jenni trotz ihres enormen Arbeitspensums einen Weg finden, um kraftvoll und unbeschwert ihr berufliches und privates Leben zu genießen?

NADJA hat vor Kurzem ihr drittes Kind bekommen, ihre Tochter Lotta ist jetzt ein halbes Jahr alt, ihre beiden Großen, Frederik und Leo, gehen in den Kindergarten. Zwischen den Geburten ist Nadja in ihren Job zurückgekehrt, während ihr Mann in Elternzeit ging, aber momentan ist sie wieder diejenige, die komplett zu Hause bleibt. Das ist im Grunde in Ordnung für sie und sie fühlt sich wohl, doch in letzter Zeit häufen sich die Situationen, in denen sie sich wünscht, einfach mal durchzuatmen. Wenn sie in Ruhe eine E-Mail an eine Freundin schreiben will, aber die Kinder sich im Nebenzimmer derart streiten, dass sie einschreiten muss. Wenn sie ihr Essen genießen möchte, aber das Baby schreit und auf ihren Arm will. Wenn sie und ihr Mann zum Hochzeitstag einen Pärchenabend geplant haben, aber zu Hause bleiben müssen, weil die Babysitterin abgesagt hat und sie auf die Schnelle keinen Ersatz finden. Sie spricht mit ihrem Mann über ihre Unruhe und ihr Bedürfnis nach Zeit für sich, daraufhin schenkt er ihr zum Geburtstag ein Wohlfühlwochenende in einem Wellnesshotel an der Nordsee. Nur für sie allein. Ein Kurzurlaub – großartig! Nadja freut sich natürlich riesig und verlebt eine tolle Zeit an der See, liest mehrere Bücher in einem Rutsch durch, plündert stundenlang das Frühstücksbuffet, geht schwimmen, am Strand spazieren und gönnt sich sogar eine Massage. Als sie wieder nach Hause kommt, springen ihr die Kinder fröhlich entgegen und sie ist der glücklichste Mensch auf der Welt. Bis zum nächsten Morgen, als alle drei Wonneproppen mit Fieber aufwachen und sie noch nicht einmal Zeit findet, um allein auf die Toilette zu gehen. Als sie dann mit den drei Kindern, die die Mutter allesamt dringend brauchen, ohne Termin im Wartezimmer beim Kinderarzt sitzt, scheint ihr Wellnesswochenende so weit weg zu sein wie die Kokosnüsse auf einer Südseeinsel. Familie bedeutet Freude, aber auch Verpflichtungen zu haben, die man in manchen Situationen weder aufschieben noch abgeben kann. Wie könnte Nadja sich trotzdem das Wellness-Nordsee-Feeling in den Alltag zaubern?

HEIKE hat mit einer speziellen Yoga-Matte mit integrierter Klangschale ein Vermögen gemacht und ist Millionärin. Sie ist Mitte vierzig, hält sich selbst nicht für einen Familienmenschen, hat aber einen großen Freundeskreis. Heikes Hobby sind Fernreisen an entlegene Orte, zuletzt war sie in Koh Kong, im Südwesten Kambodschas, sie liebt es, allein zu sein und an ihrer Selbstverwirklichung zu arbeiten. Wenn sie gerade nicht auf Reisen ist, besucht sie deshalb einen Meditationskurs nach dem anderen, bis ihre Freundin Pia mit Zen-Bogenschießen beginnt und sie auch das unbedingt ausprobieren muss – wenn das terminlich bloß nicht mit dem Hatha Yoga kollidieren würde! Und die Verabredung mit ihrer Innenarchitektin wegen der neuen Vorhänge muss verschoben werden, denn ein Freund hatte sie eingeladen, ganz authentisch äthiopisch mit ihm zu kochen. Verdammt, und dann war da noch der neue Cycling-Kurs im Fitnessstudio. Heike weiß, wie wichtig Kardiotraining ist. Und überhaupt interessiert sie sich so sehr für Gesundheit, dass sie just for fun eine Weiterbildung zum Ernährungscoach beginnt. Die Ausbilderin bringt sie wiederum auf die Idee, eine Ayurvedakur in Indien zu machen, doch vorher plant sie mit ihrer Meditationsgruppe, die Wochen vor Ostern zu fasten. Das tut ihrem Körper leider überhaupt nicht gut, sie ist mit einem Mal permanent müde und abgeschlagen. Dann auch noch diese zunehmenden Rückenschmerzen! Obwohl sie so sehr auf ihre Gesundheit achtet und an ihrer persönlichen Entwicklung arbeitet, ist Heike von einem Tag auf den anderen derart energielos, als hätte ihr jemand den Stecker gezogen. Dabei hat sie die Fasterei längst abgebrochen. Wie kann das sein? Sie fühlt sich, als würde sie regelrecht *alle* ihre Freizeitaktivitäten einstellen müssen, um wieder zu Kräften zu kommen. Heike hat alle Zeit der Welt und muss sich ganz sicher nicht vorwerfen lassen, diese nicht ausgiebig für ihr eigenes Wohl zu nutzen, aber das scheint total nach hinten loszugehen. Wie kann sie neuen Elan finden, um ihren vielen Interessen mit Lebenslust, Power und im Einklang mit sich selbst weiterhin nachzugehen?

Jenni, Nadja und Heike, drei Frauen – wenn Sie möchten, ersetzen Sie ihre Namen gerne mit männlichen Äquivalenten – auf der Suche nach Erholung. Ich habe natürlich etwas überspitzt, aber ich denke, jeder von uns kennt die Belastungen, die unseren Beispiel-Erholungsbedürftigen zu schaffen machen. Ich habe gute Nachrichten: Die drei werden sich im Laufe des Buches bestens erholen! Der erste Grund, warum ich Ihnen diese Geschichten erzählt habe, ist nämlich, dass Jenni, Nadja und Heike uns weiterhin begleiten werden und Sie anhand dieser fiktiven Charaktere etwas für Ihr eigenes Leben mitnehmen können. Der zweite Grund ist, dass ich jede Person einem Lebensbereich zugeteilt habe.

Bestimmt ist Ihnen bekannt, dass Erholung im Arbeitskontext ein ganz großes Thema ist, spätestens seitdem der Begriff Burn-out so populär wurde. Ich finde das ganz richtig, wir sollten uns alle mehr um unsere Work-Life-Balance kümmern und Führungskräfte müssten mit entsprechenden Maßnahmen in die Gesundheit ihrer Mitarbeiter investieren. Aber ist es wirklich nur unser Beruf, der uns zu schaffen macht? Würden wir uns niemals ausgelaugt fühlen, wenn wir nicht mehr ins Büro müssten? Wenn Sie sich an unser Gedankenspiel in der Einleitung erinnern, ist das leider nicht der Fall. Auch beim Betrachten unserer Modellklientinnen wird deutlich, dass es weitere Kontexte gibt, in denen Erholung jenseits des Büros eine Rolle spielt. Der Grund, warum wir uns häufig *nicht* erholt fühlen, ist genau der: Wir nehmen nicht wahr oder ernst, dass sich das Erholungsthema durch unser gesamtes Leben zieht und nicht nur mit unserem beruflichen Schaffen zu tun hat.

Nun fällt es natürlich schwer, sich neben dem Alltagsstress noch die Zeit zu nehmen, um sich zu fragen: Sag mal, in welchen Lebensbereichen könnte ich mehr auf meine Erholung achtgeben?

Genau das wollen wir jetzt tun. Wir steigen also gemeinsam aus dem Hamsterrad der täglichen Aufgaben und Pflichten aus, nehmen eine Art Möwenperspektive ein – um im Strandvokabular zu bleiben – und betrachten unser Leben mal von oben. In welchen Bezügen bewegen wir uns überhaupt und welche könnten davon wichtig für unsere Erholung sein?

Unsere Beziehungen

Vor einiger Zeit habe ich eine Frage gelesen, die mich zum Nachdenken brachte. Sie lautete in etwa so: Wer bist du, ohne all deine Beziehungen?

Während ich mir eine Antwort überlegte, tauchten allerlei Gefühle in mir auf. Angst, Beklemmung, Trauer, Unsicherheit, Leere, es fühlte sich größtenteils unangenehm an, aber es gab auch eine klare positive Reaktion in meinem Innern: Erleichterung.

Warum denn das? Bin ich etwa unglücklich in meinen Beziehungen, überfordert, gemeinschaftsfeindlich oder total egoistisch? Ich dachte: Das kann ich keinem erzählen!

Neulich berichtete mir eine Frau unter Tränen davon, dass sie nicht vierundzwanzig Stunden lang mit ihrer Tochter zusammen sein kann, ohne genervt zu sein. Ein anderes Paar erzählte, dass es sich im Urlaub heftig gestritten hätte, weil einer der beiden gerne ab und zu ein paar Stunden allein sein wollte. Eine Freundin klagte, dass es ihr wirklich schlecht gehe, weil sie es nicht schaffe, länger als zwanzig Minuten bei ihrer Oma im Pflegeheim zu sein, da sie das Leid dort so sehr mitnimmt – aber es ist doch ihre Oma! Müsste sie nicht viel lieber bei ihr sein? Wer weiß, wie lange sie sie überhaupt noch besuchen kann?

Wer wären wir (noch) ohne unsere Beziehungen? Eine interessante und heikle Frage. Nahezu jeder von uns wünscht sich erfüllende und stabile zwischenmenschliche Verbindungen. Studien ergaben, dass wir durchschnittlich fünf bis fünfzehn enge Kontakte pflegen. Der primäre Familienkreis, der Partner und wirklich gute Freunde. In Bezug auf Erholung sind Beziehungen ein zweischneidiges Schwert: Einerseits können sie *Quelle* der Erholung sein, andererseits *Anlass* zur Erholung. Diesen Fakt müssen wir anerkennen, auch wenn es ein Stück weit tabuisiert wird, darüber zu sprechen. Erholung von den eigenen Kindern? Da stimmt doch etwas nicht! Ich sehe es tendenziell genau andersherum. Wer immer bei seinen Kindern, seinem Partner oder unter Freunden sein muss, nicht »loslassen« kann und will, sollte das genauer hinterfragen. Es ist ganz einfach weniger sozial akzeptiert, offen von Erholung in Bezug auf Beziehungen zu sprechen als in Bezug auf den Job. Dabei gibt es das Burn-out-Syndrom ganz genauso im persönlichen Bereich.

Dr. Kirsten Soyke, Kuratoriumsvorsitzende des Müttergenesungswerks, spricht zum Beispiel von zwei Millionen kurbedürftigen Müttern in Deutschland – mal zur Verdeutlichung: Das entspricht in etwa der Einwohnerzahl Hamburgs! Eltern-Kind-Kuren sind dermaßen überlaufen, dass man monatelang auf einen

Platz warten muss, ebenso lange braucht es, bis man eine Paartherapie beginnen kann. Häufig hat die Beziehungszufriedenheit dabei mehr mit uns selbst als mit unseren Lieben zu tun. Vor lauter Beziehungen dürfen wir nämlich keinesfalls vergessen, dass wir auch eine Beziehung zu uns selbst haben. Sie ist die grundlegendste und mit ihrer Qualität steht und fällt die Zufriedenheit in all unseren anderen Beziehungen. Es ist daher alles andere als egoistisch, sich um einen guten Draht zu sich selbst zu bemühen, und nichts anderes bedeutet Erholung in diesem Kontext. Wir müssen für uns da sein, um auch für andere da sein zu können.

Ich hatte zu Beginn dieses Abschnitts erwähnt, dass ich mich für die Erleichterung geschämt habe, die ich bei dem Gedanken verspürte, ich wäre vollkommen beziehungslos. Mittlerweile weiß ich diese Erkenntnis jedoch sehr zu schätzen. Natürlich handelt es sich nur um ein Gedankenexperiment, und in der Realität wäre es schrecklich, keine Beziehungen mehr zu haben. Aber im Kern ist es sehr bereichernd, sich darüber bewusst zu sein, dass langfristige Beziehungen nun mal Kraft kosten und ein Erholungsbedürfnis ganz normal, ja sogar notwendig ist. Wenn wir Beziehungen pflegen wollen, in denen wir Verantwortung übernehmen, einander zuhören, uns Zeit füreinander nehmen, andere unterstützen und uns emotional engagieren, müssen wir auch darauf achtgeben, unsere investierte Kraft irgendwie zurückzugewinnen. Um es etwas treffender zu formulieren: Wir brauchen keine Erholung *von* unseren Beziehungen, sondern *innerhalb* unserer Beziehungen.

Es gibt Zeiten, in denen wechselt sich das Verhältnis vom Alleinsein und Zusammensein ganz natürlich ab und alles ist harmonisch. Aufgrund der Komplexität unseres Lebens kann das jedoch keinesfalls pausenlos der Fall sein. Zum einen liegt das an der Art der Beziehung: Sie können nicht erwarten, dass Ihr fünfjähriger Sohn nun heute mal Sie ins Bett bringt und Ihnen eine Gutenachtgeschichte vorliest, nur weil Sie das schon so oft für ihn getan haben und meinen, dass Sie jetzt mal an der Reihe sind. So schön das auch wäre, wir haben Beziehungen, in denen wir natürlicherweise der »Gebende« sind. Auch wenn ein anderes Familienmitglied aufgrund von Krankheit und/oder Altersleiden der Pflege bedarf, sind wir in erster Linie fürsorglich tätig, ohne dass der andere auf uns Rücksicht nehmen kann. Wie sieht es in Partnerschaften und Freundschaften aus? Bestimmt haben Sie hier ebenfalls die Erfahrung gemacht, dass Sie den anderen mal mehr unterstützen als er Sie – im besten Fall wird Ihnen das gedankt und der Spieß dreht sich irgendwann um.

Unsere Beziehungen sind Netzwerke, in denen man sich gegenseitig hält und ausbalanciert. Anderen Zeit und Aufmerksamkeit zu schenken, Verantwortung zu tragen, mitzufühlen, eingebunden und fürsorglich zu sein, ist unglaublich erfüllend, und Sie werden daher vielleicht zu Recht denken, dass es keinesfalls so ist, als würden wir *nichts* dafür zurückbekommen. Das möchte ich auch gar nicht sagen. Aber die Beziehung zu uns selbst kann nun mal keiner ersetzen und wir können nicht voll und ganz für uns da sein, wenn wir es bloß für andere sind. Wir brauchen feine Antennen für unser Bedürfnis nach Erholung, gerade in Bezug auf Familie, Partnerschaft und Freundschaften. Wenn wir wollen, dass diese hochkomplexen Systeme funktionieren (und das tun sie leider oftmals nicht), müssen wir den Gedanken zulassen, dass *alles*, wofür wir Kraft aufwenden, auch Regeneration bedarf.

Freizeit und persönliches Wachstum

Dass wir uns von der Arbeit erholen müssen, ist für viele selbstverständlich. Dass wir mal Zeit für uns brauchen, wenn wir von morgens bis abends »Wer will fleißige Handwerker sehen?« gesungen, Windeln gewechselt und ein schreiendes Baby herumgetragen haben, da gehen auch noch viele mit. Aber wer bitte schön braucht denn Erholung von seiner eigenen Freizeit? Bloß Millionäre wie Modellklientin Heike?

Laut einer Umfrage der GfK-Nürnberg denkt jeder dritte Deutsche, er müsse in seiner Freizeit ständig aktiv sein, jeder Fünfte gab an, auch privat so viele Termine zu haben, dass keine Zeit für Erholung bleibt, und knapp die Hälfte von uns leidet unter dem Gefühl, die freie Zeit reiche nie aus. Der Feierabend, das Wochenende, der Urlaub – alles schon verplant?

Es ist ein ernst zu nehmendes Problem geworden, dass wir von einer Verabredung zur nächsten rennen, unbedingt abends ausgehen müssen, weil wir Angst haben, etwas zu verpassen, und mit uns selbst unzufrieden sind, wenn wir schon wieder zu spät zum Complete Bodywork-out gekommen sind. Aber warum sind wir eigentlich so streng mit uns?

Wie der Freizeitforscher Walter Tokarski feststellt, tragen wir die Maßstäbe, die im Arbeitsleben gelten, auch in unseren privaten Alltag, sodass wir nicht nur im Büro, sondern auch nach Feierabend das Gefühl haben, ständig etwas leisten und aktiv sein zu müssen. Ich möchte noch einmal betonen: Im Freizeitbereich gibt es keinen Chef, der uns Unternehmungen aufträgt, und keine Provision für die längste Partynacht, wir tun das alles *freiwillig*. Was in aller Welt treibt uns dazu an?

Denken Sie mal an Ihre nächsten »Freizeittermine«. Was würde passieren, wenn Sie einen oder zwei davon absagen würden, um sich stattdessen dem Nichtstun zu widmen? Das würde Ihnen seltsam vorkommen, oder?

»Hallo Franzi, ich kann morgen leider keinen Kaffee mit dir trinken gehen, ich bleibe einfach lieber zu Hause. Bis bald!«

Haben Sie schon einmal so einen Anruf getätigt oder bekommen? Franzi ist jetzt bestimmt ein bisschen sauer. Aber wissen Sie, wofür Sie Verständnis gehabt hätte? Wenn Sie angerufen und gesagt hätten: »Ich muss unser Treffen leider absagen, ich bin krank.«

Aber müssen wir erst alle krank werden, damit wir uns mal Ruhe gönnen? Dass Stress – und somit auch Freizeitstress – auf die Dauer tatsächlich krank machen kann, ist eine gut belegte Tatsache (und wir werden noch genauer darauf eingehen). Auch im klinischen Kontext beobachte ich immer wieder, dass eine körperliche oder psychische Erkrankung unter anderem die Funktion hat, einen Anlass zur Pause zu geben. Vielleicht kennen Sie das auch: Ein Gefühl von Erleichterung, wenn man alle Termine aus Krankheitsgründen abgesagt hat.

Wenn Sie jetzt erschrocken zum Hörer gegriffen haben, um Ihre nächsten Kaffee-Verabredungen schleunigst loszuwerden, lassen Sie ihn bitte noch einmal sinken. Es geht ja gar nicht darum, sich kurzfristig Zeit freizuschaufeln, sondern Sie sollten den grundlegenden Mechanismus und seine Ursachen kennen, um langfristig etwas zu verändern. Warum verspüren wir den Drang, jedes Zeitfenster mit Aktivitäten und Verabredungen zu füllen?

»Freizeit wird das größte Problem darstellen, denn es bestehen große Zweifel daran, dass die Menschheit sich selbst aushalten kann« – so drückt es der Schweizer Schriftsteller Friedrich Dürrenmatt aus und trifft damit einen Kernpunkt. Wir haben Angst vor dem Unbehagen, das uns ergreifen könnte, wenn wir äußeren Leerlauf zulassen. Ein Experiment des Sozialpsychologen Timothy Wilson führte in diesem Zusammenhang zu einer bemerkenswerten Entdeckung: Ein Drittel der Probanden verpassten sich lieber selbst

Stromschläge, als fünfzehn Minuten lang tatenlos in einem Raum zu sitzen und ihren Gedanken freien Lauf zu lassen. Dieses Ergebnis hält uns vor Augen, wie erschreckend schwer es uns fällt, nichts zu tun. Das, was wir während dieser Zeit des Nichtstuns denken und fühlen, scheint sogar unerträglicher zu sein als physische Schmerzen. Was in aller Welt spukt uns denn da bloß durch den Kopf?

Die Psychologen Matthew Killingsworth und Daniel Gilbert von der Harvard University fanden heraus, dass wir vor allem emotionale Szenarien durchspielen, wenn unser Gehirn im »Leerlauf«, dem sogenannten »Default Mode«, ist:

Warum hat sie mir das nur angetan?
Das war so peinlich von mir!
Wie wird das bloß alles werden?
Wie schlecht es mir damals ging, das will ich nie wieder erleben!
Ob ich jemals einen Partner finde?

Wir denken nicht an die angenehme Stille, die uns umgibt, das leckere Essen, das uns abends erwartet, oder an das schöne Wetter draußen. Sobald Ruhe einkehrt, will unser Gehirn die Zeit dafür nutzen, Unverarbeitetes zu verdauen oder sich für zukünftige Verletzungen zu wappnen, indem es Worst-Case-Szenarien durchdenkt. Ständig assoziiert unser Oberstübchen Dinge miteinander, kommt vom Hundertsten ins Tausendste – kein Wunder, dass wir da lieber unsere E-Mails checken, als den furchtbaren Streit mit unserem Vater von damals wiederzukäuen.

Hinzu kommt, dass wir uns mit anderen hinsichtlich unserer Freizeitaktivitäten vergleichen. Gruppenzwang ist leider nichts, was bloß auf Schulhöfen stattfindet, wenn die ersten Zigaretten angezündet werden. Sozialer Druck und sozialer Vergleich betrifft auch uns Erwachsene. Wenn alle anderen um Sie herum in angesagte Restaurants gehen, Fremdsprachen lernen, neue Sportkurse ausprobieren, mit Freunden an entlegene Orte verreisen oder ständig mit dem Partner den nächsten Kino-, Theater- oder Museumsbesuch planen, wollen Sie natürlich nicht der einzige Langweiler sein, der allein zu Hause hockt und Löcher in die Luft starrt.

Ich habe bisher ganz allgemein von Freizeitaktivitäten gesprochen, ich beziehe mich dabei aber auch auf Tätigkeiten, die wir für unser persönliches Wachstum unternehmen: Selbstfindungskurse, Meditation, Wanderungen auf dem Jakobsweg und so weiter. Daran ist per se ebenso wenig falsch wie am Kinobesuch. Die entscheidende Frage ist bloß wieder, ob wir nicht zu sehr damit beschäftigt sind, uns selbst zu suchen, um uns selbst zu finden. Oder anders ausgedrückt: Ist Meditation wieder nur eine Aktivität, die ich nahezu »zwanghaft« ausführen muss, um die Leere in meinem Kopf während meiner Freizeit zu füllen? Konzentriere ich mich lieber auf meinen Atem, als meinen Gedanken zuzuhören?

Ich fasse noch einmal zusammen: Nichts zu tun gilt

in unserer heutigen Gesellschaft als Zeitverschwendung, und dieser äußere Umstand spielt unserem inneren Wunsch nach ständiger Beschäftigung in die Karten – wir wollen uns eventuell auftauchenden unangenehmen Gedanken und Gefühlen nicht stellen. Ringen wir uns doch ganz bewusst dazu durch, ohne besonderen Plan zu Hause zu bleiben (und damit gegen den Strom zu schwimmen), obwohl wir nicht krank sind, befällt uns mitunter ein Gefühl der Unzulänglichkeit, weil wir durch unsere persönlichen Kontakte und die sozialen Medien ständig ein anderes Idealbild vorgeführt bekommen.

Sie sehen: Erholung von unserer eigenen Freizeit ist kein Luxusproblem, und ich möchte auch gar nicht kritisieren, dass wir alle zu viel Pilates oder Yoga machen. Uns darüber bewusst zu werden, dass wir unseren Terminkalender ausfüllen, um Leerlauf zu vermeiden, und das Wissen darüber, warum wir das tun, kann uns eine ganz neue Art der Freizeitgestaltung ermöglichen.

Beruf und Ausbildung

Kommen wir nun zu dem am ehesten »offensichtlichen« Grund für Erholung: unsere Arbeit. Erholung und Arbeit werden von vielen Menschen als zwei Pole auf einer Skala angesehen und behandelt. Wir gehen zur Arbeit, danach erholen wir uns, am nächsten Tag gehen wir wieder zur Arbeit und so weiter. Diese Sichtweise hat Vor- und Nachteile. Einerseits gibt es eine klare Struktur mit Anfang und Ende der Arbeit und gesetztem Beginn der Erholung sowie andersherum. Der Nachteil jedoch ist: Es funktioniert einfach nicht.

Wissen Sie, wie viele Menschen in Umfragen angegeben haben, von der Arbeit gestresst zu sein? 85 Prozent! Das ist fast jeder. Wie seltsam. Jeder von uns hat doch einen Feierabend und ein Wochenende und in Deutschland genießen wir sogar einen Urlaubsanspruch, der über dem der meisten anderen Länder liegt. Da müsste doch genügend Zeit für Erholung bleiben.

Es kann zwei Gründe dafür geben, dass es mit der Erholung im Arbeitskontext nicht klappt: Zum einen ist es oft so, dass wir zwar physisch auf dem Heimweg oder zu Hause sein mögen, aber unser Kopf noch im Büro ist. Anstehende Termine und liegen gebliebene Aufgaben stressen uns. Eine interessante Studie belegt, dass es deshalb sogar förderlich für unsere Erholung sein kann, wenn wir am Wochenende noch Arbeit abschließen! Es kann also durchaus sinnvoll sein, lieber noch am Freitagabend die E-Mail zu schreiben, statt am Samstag und Sonntag ständig daran zu denken, dass man dies noch tun muss. Allerdings birgt diese Vorgehensweise auch eine Gefahr: Wann ist denn dann Schluss? Bleibt es wirklich bei dieser einen E-Mail, oder öffnen Sie anschließend noch mal schnell die Präsentation, um sie Korrektur zu lesen?

Damit wir uns von der Arbeit erholen können, brauchen wir Strategien, um im Feierabend oder Wochenende auch tatsächlich anzukommen, selbst wenn unser Schreibtisch überquillt von dringlichen Aufgaben. Doch nicht nur das.

Es gibt noch einen zweiten Grund, weshalb Erholung nach Feierabend, am Wochenende oder im Urlaub häufig misslingt. Denn was bedeutet es eigentlich, nach der Arbeit nach Hause zu kommen und sich seiner Freizeit und seinen Beziehungen zu widmen? Ist das gleichzusetzen mit Erholung? Natürlich ist es ganz wundervoll, wenn wir abends gemeinsam mit der Familie essen. Aber es bedeutet auch zu kochen, die Küche sauber zu machen, eventuell die Kinder ins Bett zu bringen, noch einmal mit dem Hund rauszugehen oder eine Maschine Wäsche anzuschmeißen. Irgendwann liegen Sie dann erschöpft im Sessel und fragen sich, ob Sie noch genügend Energie haben, um die Augen offen zu halten und Ihre Lieblingsserie zu gucken.

Viele Partnerschaftskonflikte entstehen auf diese Weise: Beide Partner haben nach der Arbeit das Gefühl, unendlich viel zu leisten, sind gestresst, wünschen sich vom anderen Entlastung, Anerkennung, aber *im Grunde* ist das eigene Erholungsdefizit schuld daran, dass wir uns hilflos und ausgelaugt fühlen. Doch wir brauchen nicht darauf zu warten, dass unser Partner uns dazu auffordert, die Beine hochzulegen. Wir können selbst dafür sorgen, dass wir uns täglich von der Arbeit erholen, und nach dieser etwas deprimierenden häuslichen Szenerie möchte ich noch einmal betonen, dass das kein vager Wunsch ist, den Sie sich niemals erfüllen können. Wenn Sie dem Text bis hierhin gefolgt sind, befinden Sie sich immer noch auf dem Strandweg!

Bevor wir diesen Weg weitergehen, möchte ich aber noch einen zusätzlichen Punkt zum Thema Arbeit und Erholung ansprechen. Es ist keinesfalls so, dass Arbeit immer Stress bedeutet und wir uns täglich nach Feierabend in die Erholung flüchten müssen. Im besten Fall gehen Sie einer Arbeit nach, die Sie erfüllt und die nicht nur Mittel zum Zweck ist – was nicht bedeutet, dass sie nicht auch mal anstrengend und stressig sein darf. Stellen Sie sich bitte ernsthaft die Frage: Würden Sie Ihren Job auch machen, wenn Sie damit nicht Ihren Lebensunterhalt bestreiten müssten?

Wenn ich diese Frage in Beratungsgesprächen stelle, wird sie mir erstaunlich oft mit »Ja« beantwortet. Das Problem ist nämlich häufig gar nicht die Arbeit selbst, sondern das Gefühl, fremdbestimmt zu sein, etwas tun zu müssen, obwohl man es nicht oder jetzt gerade nicht möchte. Wir werden uns daher mit vielen Techniken beschäftigen, mit denen wir uns die Selbstbestimmung in unserem Beruf (wieder) erobern können, um uns nicht bloß *von* der Arbeit, sondern ähnlich wie im Beziehungskontext auch *innerhalb* der Arbeit bestens erholen zu können. Ich möchte folgenden Satz für unseren Erholungskompass festhalten:

Alles, wofür wir Kraft aufwenden, bedarf auch Regeneration.

Kapitel 2

Feng-Shui fürs Gehirn

Ihr Körper auf der Suche nach seiner Mitte

Möglicherweise denken Sie jetzt, dass ich mich wiederhole, aber: Erholung findet *wirklich* in Ihrem Kopf statt. Im ganz wortwörtlichen Sinn, nämlich in Ihrem Gehirn. Im Folgenden soll es nun um die biologischen Grundlagen gehen. Das klingt etwas trocken, aber vielleicht kann ich Sie ja mit der Aussicht locken, dass Sie nach diesem Kapitel wissen werden, warum Sie häufig ausgerechnet im Urlaub krank werden. Außerdem erzähle ich Ihnen zum Schluss (aus rein fachlichen Gründen!) noch einen kleinen Witz. Neugierig? Legen wir also los!

Alle Prozesse, die in Ihrem Körper ablaufen, folgen dem Yin-Yang-Prinzip, das bedeutet, Ihr Körper strebt ständig nach einem Gleichgewicht, in der Fachsprache *Homöostase* genannt. Um dieses Gleichgewicht herzustellen, gibt es verschiedene Systeme. Sicher haben Sie in diesem Zusammenhang schon vom Sympathikus und dem Parasympathikus, den beiden Gegenspielern des vegetativen Nervensystems, gehört. Kurz gesagt, ist der Sympathikus dafür zuständig, unseren Körper zu aktiveren, zum Beispiel unseren Herzschlag zu erhöhen, und der Parasympathikus bügelt die Sache anschließend aus, indem er den Ruhemodus wiederherstellt. Das geschieht scheinbar wie von Zauberhand, Sie müssen gar nicht daran denken, Ihre Atmung zu beschleunigen (Sympathikus), wenn Sie Sport machen, oder zu verlangsamen (Parasympathikus), wenn Sie schlafen.

Nun sind wir aber den automatischen Funktionen unseres Körpers nicht hilflos ausgeliefert, sondern können sie willentlich beeinflussen, und das ist entscheidend, um den Prozess der Erholung aktiv herbeizuführen. Doch wie funktioniert das? Stellen Sie sich mal vor, Sie liegen auf der Couch und gucken gemütlich fern. Der Parasympathikus hat das Ruder übernommen, Ihr Herzschlag beträgt läppische sechzig Schläge pro Minute, Ihre Schweißdrüsen ruhen sich aus, Ihre Atmung ist angenehm tief. Alles ganz entspannt. Aber dann beschließen Sie, umzuschalten und sich diesen neuen Horrorfilm anzusehen, von dem Sie schon einiges gehört haben – spannend, blutrünstig, total abgedreht. Schon nach der ersten Szene könnten Sie vor Spannung innerlich ausflippen und das bedeutet: Der Sympathikus läuft inzwischen auf

Hochtouren, Sie haben schweißnasse Hände, Ihre Atmung geht schnell und flach, als würden Sie selbst und nicht der Protagonist auf dem Bildschirm verfolgt, Ihr Herzschlag beträgt glatt das Doppelte. Sie haben es ja nicht anders gewollt! Indem Sie sich dafür entschieden haben, diesen Film anzusehen, haben Sie in die automatischen Abläufe Ihres Körpers eingegriffen und sie radikal verändert. Doch es war nicht Ihre Hand, die zielgerichtet nach der Fernbedienung gegriffen hat, es war Ihr Gehirn. Na ja, Sie wissen, was ich meine: In Ihrem Gehirn hat ein Denkprozess stattgefunden, woraufhin Sie einen Entschluss gefasst haben, und erst *dann* haben Sie Ihrer Hand das Okay gegeben, zum Horrorfilm umzuschalten.

Nun ist es zwar so, dass man in der biologischen Psychologie gerne so spricht, als wären klar definierte Bereiche des Gehirns für ganz bestimmte Reaktionen zuständig, aber das stimmt nicht. Unsere körperlichen Abläufe sind immer ein Zusammenspiel und so ist es auch in diesem Fall: Zwischen der Entscheidung, einen Horrorfilm anzusehen, und Ihrem »innerlichen Ausflippen« passiert eine ganze Menge in Ihrem Körper. Auch wenn Sie sich dessen bisher eventuell nicht bewusst waren, so findet in Ihnen eine Stressreaktion statt, wenn Sie sich spannende oder beängstigende Filme ansehen – und Stress ist das Gegenteil von Erholung. Nun werden Sie vielleicht sagen, dass Horrorfilme aber Ihre Leidenschaft sind und Sie, immer wenn Sie sich erholen wollen, zu Ihrer Alfred-Hitchcock-DVD-Sammlung greifen. Um die

Frage zu beantworten, inwiefern Stress auch positive Auswirkungen haben kann und vielleicht sogar eine Voraussetzung für Erholung ist, müssen wir die Sache allerdings noch etwas auseinandernehmen.

Von blauen Mandelkernen und Nieren mit Partyhütchen

Es gibt zwei sogenannte Achsen, über die Stressreaktionen in Ihrem Körper ablaufen. Angenommen, Sie haben einen schrecklichen Chef, nennen wir ihn Herrn Furchtbar. Wenn Sie diesen Mann mit seinem Schnauzbart überhaupt nur sehen, fühlen Sie sich dermaßen gestresst, dass Sie in seiner Gegenwart keinen zusammenhängenden Satz mehr formulieren können. Was in Ihrem Körper passiert, während Herr Furchtbar sich Ihrem Schreibtisch nähert, ist Folgendes: Brüllt Herr Furchtbar laut durchs Büro, bevor Sie ihn sehen, so melden Ihre Sinnesorgane – höchstwahrscheinlich Ihre Augen, aber vielleicht auch Ihre Ohren – als Erstes, dass Ärger im Anmarsch ist. Sobald Ihnen jedenfalls klar wird: »Der Furchtbar kommt!«, kriegt Ihre Amygdala – auch Mandelkern genannt, ein kleines Areal in Ihrem Gehirn, das für die Auslösung von Emotionen sehr wichtig ist – im wahrsten Sinne Panik, drückt den roten Alarmknopf und setzt damit den erregenden Nervenbotenstoff Glutamat frei. Ihre Amygdala sendet also die Botschaft weiter, dass Ihr Chef sich nähert, und zwar an den sogenannten »blauen Kern«, das Stresszentrum Ihres Stammhirns. Wie bei einem panischen Staffellauf setzt sich die beängstigende Nachricht weiter fort, indem der blaue Kern einen anderen Nervenbotenstoff, das Noradrenalin, freisetzt, das wiederum den Sympathikus (da ist er wieder!) auf Hochtouren bringt. Sie erinnern sich: Sympathikus bedeutet Aktivität, schneller Herzschlag, rasche Atmung, erhöhte Körpertemperatur, Schweißausbrüche! Doch die Alarmbotschaft setzt sich noch weiter fort und erreicht über den Sympathikus die Nebennieren. Die können Sie sich wie kleine Partyhüte vorstellen, die auf Ihren Nieren sitzen. Diese Partyhütchen setzen das Hormon Adrenalin frei, und nun stehen Sie wirklich unter Strom. Sie springen wie von der Tarantel gestochen auf, bevor Herr Furchtbar Ihren Schreibtisch erreicht und retten sich auf die Toilette. Puh! Entkommen. Während Sie sich schwer atmend am Waschbecken abstützen, wird Ihre Stressreaktion allmählich gebremst, die Stresshormone werden abgebaut, der Parasympathikus ist wieder im Dienst, das heißt, Ihre Atmung wird tiefer, der Herzschlag normalisiert sich. Was da eben in Ihnen passiert ist, war eine Stressreaktion entlang der sogenannten Sympathikus-Nebennierenmark-Achse. Ziemlich nervenaufreibend. Es gibt aber, wie gesagt, noch eine zweite »Stressachse«. Spulen wir also noch einmal zurück.

Zweites Schlussszenario: Sie können den Raum nicht verlassen, um auf die Toilette zu flüchten, weil Herr Furchtbar ihn abgeschlossen hat. Dieser Typ trägt seinen Namen wirklich zu Recht. Sie verharren also panisch auf Ihrem Schreibtischstuhl, während Sie Ihren Chef einen lieben Kollegen anpflaumen hören und sich bereits auf Ihre Standpauke gefasst machen. Die Aktivierung der Amygdala, des blauen Kerns und damit des Sympathikus, findet scheinbar kein Ende. Das Glutamat, das von der Amygdala produziert wird, gelangt nun auch in weitere Bereiche des Gehirns, Ihr Stresspegel schaukelt sich im wahrsten Sinne in die Höhe und breitet sich in eine Region aus, die sich Hypothalamus nennt. Nun haben wir den Salat! Die zweite Stressachse, die sogenannte Hypothalamus-Hypophysen-Nebennierenrinden-Achse (kurz: HHNR-Achse) ist aktiviert. Im Hypothalamus wird nun ein Hormon freigesetzt, das Corticotropin Releasing Factor heißt. Nein, es gibt noch keinen Zungenbrecher mit diesem Wort, Sie dürfen diese Marktlücke gerne schließen. Ich nenne es allerdings lieber das »Jetzt-geht's-los«-Hormon, denn genau das ist seine Aufgabe: Es sagt der Hirnanhangsdrüse, der Hypophyse, dass wirklich etwas im Argen liegt, um das Sie sich dringend kümmern müssen. Die Hypophyse versteht sofort, denkt sich: Au Backe!, und sendet das sogenannte adrenocorticotrope Hormon (ACTH) aus, das ich hiermit das »Jetzt-geht's-aber-wirklich-los«-Hormon taufe. Denn sobald dieser Wirkstoff die Nebennieren (Partyhütchen) erreicht, schütten sie Cortisol aus, und das bedeutet für unseren Körper endgültig: Gefahr! Mayday! Bitte kommen!

Neben Adrenalin ist Cortisol das wichtigste Stresshormon. Man könnte sagen, Cortisol ist noch wirksamer als das uns etwas geläufigere Adrenalin, da Cortisol dafür sorgt, dass mehr Energie bereitgestellt wird, indem Zucker und Fette zur Versorgung von Gehirn und Muskulatur in den Blutkreislauf gelangen. Außerdem wird das Immunsystem mobilisiert – und warum das? Wenn Sie in Stress geraten, rechnet Ihr Körper damit, dass Sie angegriffen und dabei eventuell sogar verwundet werden, und zur Wundheilung brauchen Sie Ihr Immunsystem. Sie müssen bedenken, dass diese Automatismen aus einem Zeitalter stammen, in dem nicht Herr Furchtbar sich Ihrem Schreibtisch näherte, sondern auch mal ein Säbelzahntiger um die Ecke bog! Die Stressreaktionen Ihres Körpers sind eine großartige Anpassungsleistung, die Ihr Überleben sichern, auch heute noch. Wenn ein Auto schnell auf Sie zurast, können Sie blitzschnell wegspringen, weil alle dafür notwendigen Kräfte bereits mobilisiert wurden, bevor Sie überhaupt darüber nachdenken konnten. Stressachsen sei Dank!

Doch bleiben wir noch einen Moment beim Ablauf der zweiten Stressachse, denn ich habe Ihnen noch gar nicht erzählt, wie die sogenannte »Stressbremse« funktioniert. Das Cortisol wird also durch Ihren Organismus gepumpt und sorgt für eine ausreichende Energiebereitstellung für den Fall eines Kampfes oder eine sonstige körperlich anstrengende Reaktion. Es gibt allerdings einen Rückkopplungsmechanismus, der so funktioniert, dass Hypothalamus und Hypophyse bemerken: Hui, ganz schön viel Cortisol im Blut! Daraufhin hören die beiden auf, ihre »Jetzt-geht's-los«- und »Jetzt-geht's-aber-wirklich-los«-Hormone auszuschütten, mit der Folge, dass sich auch die Nebennieren denken: »Okay, reicht jetzt mal!«, und kein weiteres Cortisol abgeben. Die Stressreaktion wird also gebremst, bevor sie sozusagen überschießt. Ihr Körper findet, Sie sind nun gut genug gerüstet, um der Herausforderung zu begegnen. Sie könnten Herrn Furchtbar jetzt zum Beispiel mit voller Kraft Ihren Computerbildschirm auf die Füße schmettern. Damit genug von Herrn Furchtbar und zurück zum Thema Erholung.

Stress ist nicht gleich Stress

Es ist weder sinnvoll noch möglich, Stress vollkommen aus unserem Leben zu verbannen. Ich weiß nicht, wie es Ihnen geht, aber ich möchte weiterhin vor beängstigend herannahenden Autos wegspringen und ich denke, wir alle genießen das wilde Herzklopfen, wenn wir frisch verliebt sind. Es ist auch sehr praktisch, einen Zahn zuzulegen, damit wir unseren Zug nicht verpassen, oder mit ein wenig Lampenfieber unsere Performance zu verbessern, wenn wir Künstler sind und eine Bühne betreten. Stress per se ist *nicht* das Problem, sondern in vielen Fällen sogar eine gute Lösung.

Wenn Erholung das Zurückholen verbrauchter Kräfte ist, liegt außerdem die Schlussfolgerung nahe, dass wir uns ohne Stress gar nicht erholen könnten. Ohne ausgepowert zu sein, kein Auftanken! Die Folge wäre ein Dasein in einer Art Einheitsbrei, in dem es weder Höhen noch Tiefen gibt. Das ist übrigens nur eine theoretische Überlegung, meines Wissens gibt es keinen verlässlichen Weg, um jegliche Stressreaktion zu vermeiden.

Worauf ich jedoch eigentlich hinauswill, ist: Wir verteufeln Stress zu Unrecht und der einzige Grund, warum wir unter ihm leiden, ist, dass wir uns nicht genügend um unsere Erholung kümmern. Wie eingangs schon erwähnt, strebt unser Körper nach einem Gleichgewicht, und es liegt in unserer Hand, ihn immer wieder – nicht ein für alle Mal – dahin zurückzuführen. Aber wie viel Stress ist denn nun eigentlich okay?

Wie Sie wahrscheinlich aus Ihrem Alltag wissen, gibt es kurzfristigen und langfristigen Stress: Es gibt Schwiegereltern, die bloß auf einen Kaffee bleiben, und es gibt solche, die sich übers Wochenende einquartieren. Es gibt Chefs, die sich einmal im Monat im Büro blicken lassen, und solche, die den ganzen Tag zwischen den Schreibtischen Patrouille laufen. Es gibt Aufgaben in der Uni, die sind an einem Nachmittag erledigt, und Doktorarbeiten, die sich über Jahre hinziehen – mit anderen Worten: Es gibt kurzzeitigen und chronischen Stress. Damit zurück zur Alfred-Hitchcock-DVD-Sammlung: Wenn es für Sie ein angenehm unangenehmes Gefühl ist, sich hin und wieder gruselige Filme anzusehen, weil Sie Ihren

Sympathikus damit mal eben auf Trab bringen, ist das vollkommen in Ordnung. Ebenso verhält es sich mit einem Job, der phasenweise sehr anstrengend und herausfordernd ist, aber auch Zeiten bietet, in denen sich die Anspannung wieder legen kann.

Problematischer ist der chronische Stress. Bei Dauerstress ist es nämlich so, dass Ihr Körper seine Fähigkeit zur Selbstregulation verliert, die Stressbremse nutzt sich sozusagen ab, bis sie nicht mehr funktioniert. Das hat zur Folge, dass Ihr Cortisolspiegel erhöht bleibt, was wiederum negative Auswirkungen auf zahlreiche Abläufe in Ihrem Körper hat.

Cortisol verringert zum Beispiel die Wirkung des Insulins. Unter Stress geschieht das mit dem Ziel, dass *weniger* Zucker durch Insulin in die Zellen eingeschleust wird, damit *mehr* Zucker als Energielieferant im Blut zirkuliert. Die Bauchspeicheldrüse bemerkt diesen Insulinmangel jedoch und im Versuch, ihn auszugleichen, produziert sie mehr und mehr dieses wichtigen Stoffes, bis sich Ihre Ressourcen erschöpfen. Die entstehende Stoffwechselstörung kennen Sie: Diabetes.

Außerdem stellen der übermäßige Zucker und das Fett in Ihrem Blut, die Ihnen eigentlich während einer Stresssituation Energie liefern sollen, ein weiteres Problem dar, indem sie das Risiko zur Plaquebildung erhöhen und damit die Gefahr eines Herzinfarkts. Ebenso ist Bluthochdruck eine Folge von chronischem Stress und auch das Gehirn wird in Mitleidenschaft gezogen. Neben Einbußen in der Konzentrations- und

Gedächtnisleistung ist inzwischen gut belegt, dass chronischer Stress zu Depressionen führen kann. Ich könnte die Liste zu den negativen Auswirkungen von Dauerstress noch weiter fortführen, aber ich möchte bloß noch auf eine wichtige Beeinträchtigung zu sprechen kommen. Sie betrifft das Immunsystem.

Ich hatte Ihnen ja versprochen, das Geheimnis zu lüften, warum Sie gerade im Urlaub oft die Sommergrippe heimsucht. Sie erinnern sich sicher, dass das Immunsystem durch eine kurzzeitige Cortisolausschüttung »gepusht« wird, im Falle einer Verletzung kann der Körper somit schnellstmöglich mit der Heilung beginnen. Ein chronisch erhöhter Cortisolspiegel im Blut, der durch Dauerstress zustande kommt, hemmt jedoch das Immunsystem. Nun stecken Sie vor dem Urlaub bis zum Hals in Arbeit und fangen sich (aufgrund Ihres durch Stress gebremsten Immunsystems) einen Infekt ein. Dieser schwelt dann kaum bemerkt in Ihnen, äußert sich vielleicht nur durch ein leichtes Kratzen im Hals oder Müdigkeit und kann erst richtig zum Ausbruch kommen, wenn Sie entspannt auf der Luftmatratze im Pool paddeln, weil erst *dann* das Cortisol langsam abgebaut wird und das Immunsystem seine Funktion wieder mit voller Kraft aufnimmt – Fieber und Entzündungsreaktionen sind letztlich Ausdruck eines auf Hochtouren arbeitenden Abwehrsystems! Die Folge sind Sommergrippe, Schnupfen, Blasenentzündung, Herpesinfektion. Natürlich leben wir im 21. Jahrhundert und wir können all diese Beschwerden mit Medikamenten in den Griff kriegen. Oder: Wir können Dauerstress vorbeugen, indem wir Erholung zu einem festen Bestandteil unseres Alltags machen.

Pause

Das war jetzt wirklich viel. Es ist nicht leicht, die komplexen Vorgänge in unserem Körper nachzuvollziehen, und ich finde, Sie haben das hervorragend gemacht. Falls Sie die Lektüre unterbrechen wollen, um sich einen Kaffee zu machen oder eine Packung Kekse aus der Küche zu holen, wäre *jetzt* ein geeigneter Zeitpunkt.

Vier wichtige Schlussfolgerungen

Haben Sie es sich gemütlich gemacht? Dann möchte ich nun gerne ein Fazit aus den letzten Seiten ziehen.

Gehen wir dafür zum Ausgangspunkt meiner Ausführungen zurück: der Homöostase. Unser Körper strebt nach Balance. Genauso wie wir mittels Feng-Shui versuchen, unsere Wohnung harmonisch einzurichten, ist unser Körper ständig damit beschäftigt, sein Gleichgewicht herzustellen. Den Grund dafür möchte ich Ihnen gerne anhand eines kleinen Experiments erklären: Grinsen Sie bitte mal ganz breit. Richtig über beide Ohren. Zeigen Sie Ihre Zähne, kneifen Sie die Augen zusammen und lächeln Sie so plakativ wie möglich. Und nun stellen Sie sich vor, ich mache einen richtig guten Witz. Ich glaube, der letzte passable Witz, den ich gehört habe, war der:

Wie viel wiegt ein Hipster? Antwort: Ein Instagram.

Gut, ich gebe zu, es gibt größere Schenkelklopfer, eigentlich ist es auch bloß eine Scherzfrage. Aber stellen Sie sich mal vor, Sie hätten aus Ihrem breiten Lächeln heraus nun versucht, über diesen Witz zu lachen. Das klappt nicht richtig, was? Und genauso ergeht es unserem Körper. Er braucht die Homöostase, das Gleichgewicht, um auf die Anforderungen unserer Umwelt adäquat reagieren zu können. Aus einem erregten Zustand lässt sich keine weitere Erregung hervorrufen. Wir werden nicht nur unbeweglich in unserem Verhalten, sondern erschöpfen uns, bis schließlich nichts mehr geht und wir wie ein verbrauchtes Lächeln dauerhaft »erschlaffen«. Erholung ist deshalb so wichtig, weil sie uns zurück in einen Zustand bringt, in dem wir im Besitz unserer vollen Kräfte und somit auch unseres Handlungsspielraums sind.

Die zweite wichtige Ableitung aus dem Thema Stress ist folgende: Wenn der Sympathikus dafür zuständig ist, unsere Organe zum Ausflippen zu bringen, dann ist der Parasympathikus wichtig, um sie zu beruhigen. Sie können sich diese beiden Gegenspieler übrigens auch anhand folgender Eselsbrücke merken: Das »S« des Sympathikus steht für Stress und das »P« des Parasympathikus steht für Pause. Ich möchte noch mal betonen, dass »Stress« in diesem Zusammenhang nicht negativ gemeint und auch nicht mit Dauerstress gleichzusetzen ist. Wir brauchen beide Nervensysteme gleichermaßen. Da wir aber alle wahrscheinlich genug darüber wissen, wie wir unseren Sympathikus aktivieren (greifen Sie einfach mal zu Alfred Hitchcock), werden wir in den folgenden Kapiteln vor allem einiges darüber lernen, mit welchen einfachen Mitteln wir den Parasympathikus nutzen können, um unserem Körper eine Auszeit zu gönnen.

Die dritte Erkenntnis hat wieder mit Herrn Furchtbar zu tun. Stellen Sie sich mal vor, eine neue Mitarbeiterin wird eingestellt und sie weiß überhaupt noch nicht, dass Ihr Chef ein fieser Typ ist, der die Bürotür abschließt. Sie sitzt also vollkommen entspannt an ihrem Schreibtisch und summt eine schöne Melodie, während Sie in Erwartung von Herrn Furchtbar schon Ihren Kiefer anspannen und die Fäuste ballen. Wie kann das sein? Herr Furchtbar ist in beiden Fällen Herr Furchtbar. Das, was den Unterschied macht, ist die gegensätzliche *Bewertung*, die Sie und Ihre Kollegin von ihm haben. Das ist wunderbar! Es bedeutet nämlich, dass es *nichts* in unserer Umwelt gibt, das uns per se in Unruhe versetzen muss, sondern dass Stress letztendlich auf unsere eigenen Einstellungen und Erfahrungen zurückzuführen ist. (Denken Sie nur daran, dass wir als Kind erst lernen müssen, Autos als gefährlich einzuschätzen.) Wir können also einen Weg finden, um Dauerstress gar nicht erst entstehen zu lassen, indem wir unsere Bewertungen über die Stressoren verändern und damit vermeintliche Belastungen in einem anderen Licht sehen. Auf diese Weise können wir erholt und entspannt bleiben, ganz egal, wie furchtbar Herr Furchtbar ist.

Als viertes Fazit lässt sich festhalten, dass Erholung dringend notwendig ist, um Stresshormone abzubauen. Sie kennen sie inzwischen: Noradrenalin, Adrenalin, Cortisol. Ist das nicht großartig, dass wir aktiv etwas dafür tun können, damit weniger Cortisol in unserer Blutbahn umherschwirrt und wir uns so vor Herz-Kreislauf-Erkrankungen, Diabetes und Depressionen schützen? Erholung ganz bewusst neu (oder überhaupt!) zu erlernen, bedeutet also nicht nur, das psychische Wohlbefinden zu steigern, sondern ganz klar gesagt, die Chance auf ein längeres und gesünderes Leben massiv zu erhöhen.

Da ich nicht von Ihnen erwarte, dass Sie sich die biochemischen Vorgänge körperlicher Stressreaktionen ganz genau merken – das ist auch gar nicht notwendig –, habe ich mich für einen recht einfachen zentralen Satz für dieses Kapitel entschieden. Vielleicht verbinden Sie ja trotz allem die eine oder andere interessante Information damit, wenn Sie ihn noch ein paar Mal durchlesen:

Kurzzeitiger Stress okay, langfristiger Stress ade!

Kapitel 3

Auf los geht's los

Bewusst beginnen

Wissen Sie, wo der Hase im Pfeffer liegt? Es geht gar nicht zwangsweise darum, sich mehr Zeit zum Erholen zu nehmen – oft ist das nun mal auch gar nicht möglich –, sondern darum, die Zeit, die wir zur Verfügung haben, mit vollem Bewusstsein der Erholung zu widmen. Mal ehrlich: Wann haben Sie das letzte Mal Feierabend gemacht und sich dabei gedacht: Diese letzten Stunden des Tages werde ich jetzt ganz aktiv in meine Erholung investieren? Liege ich richtig, dass Sie das noch nie gedacht haben?

Es ist ein seltsames Paradox, dass wir uns alle Erholung wünschen, aber ihr trotzdem nicht genügend Aufmerksamkeit schenken. Machen wir also den Anfang.

In den meisten Fällen ist es so, dass unsere Erholungszeiten von außen geregelt sind. Das ist gut. Es gibt einen Feierabend. Es gibt das Wochenende. Es gibt einen Punkt (und sei er noch so spät!), an dem die Kinder schlafen. Was tun Sie als Erstes, wenn Sie Zeit haben, die Sie ganz nach Ihren Wünschen gestalten können?

Typische Antworten sind: etwas essen oder trinken, aufs Smartphone schauen, den Fernseher anschalten, sich auf die Couch legen. Prima. Nichts davon widerspricht der Erholung. Was wir jedoch brauchen, um diese auch wirklich zu erleben, sind feste Rituale, die den Übergang zur Erholung markieren. Sie kündigen die Zeiträume an, in denen wir uns ausschließlich um unsere Erholung kümmern.

Wenn Sie das Wort »Ritual« hören, müssen Sie vielleicht an Weihnachten oder Ostern denken. Doch Rituale müssen nichts mit Gänse essen und Ostereier suchen zu tun haben, Rituale sind ganz einfach symbolische Handlungen. Sie tun etwas, mit dem Sie gedanklich etwas verbinden. Forscher von der Harvard Business School fanden heraus, dass Rituale uns dabei helfen können, die Gefühle von Machtlosigkeit und Kontrollverlust zu lindern. Wenn Ihnen also alles über den Kopf wächst, kann ein simples Ritual Abhilfe verschaffen, indem es einen Wendepunkt markiert, den *Sie selbst* herbeiführen. Das ist entscheidend.

In einer anderen Studie der Carlson School of Management fand man außerdem heraus, dass Rituale das »emotionale Engagement« steigern. Das bedeutet, dass sie Gefühle der Freude und des Genusses intensivieren. In dem zugrunde liegenden Experiment sollten die Probanden beispielsweise Schokolade essen (Naschen im Sinne der Wissenschaft – wären Sie da auch so gern Versuchsperson gewesen wie ich?), wurden vorher aber in verschiedene Gruppen unterteilt. Die eine Gruppe sollte sich den Riegel einfach nach Herzenslust einverleiben, der anderen dagegen wurde aufgetragen, ihn vorher in zwei Hälften zu brechen und diese nacheinander zu essen. Kaum ein Unterschied, oder? Es *machte* aber einen Unterschied. Die Ritual-Gruppe berichtete von mehr Genuss, ließ sich länger Zeit beim Verzehr, beschrieb die Schokolade als leckerer und hätte sogar mehr dafür bezahlt.

Übertragen wir diese Ergebnisse auf das Thema Erholung: Wenn wir unsere Erholungszeit mittels eines einfachen Rituals beginnen, holen wir uns zum einen das Gefühl der Kontrolle über unser Freizeitleben zurück, zum anderen erleben wir die anschließende Regeneration intensiver, genuss- und freudvoller.

Gut, nun fragen Sie sich vielleicht: Ein Ritual, in Ordnung, aber wie soll das bitte schön aussehen? Soll ich täglich zur Feierabendzeit einmal durchs Büro tanzen, bevor ich nach Hause gehe? Das wäre sicherlich eine Möglichkeit und würde auch bei den Kollegen für gute Stimmung sorgen. Es kann aber auch sein, dass Sie sich gar keine neuen Rituale aus den Fingern saugen müssen, da Sie sowieso schon Dinge tun, die das Ende oder einen Bruch in Ihrer »Anstrengungszeit« markieren. Nicht umsonst gibt es das »Feierabendbier« oder die »Kaffeepause«. Vielleicht brauchen Sie also gar keine neuen Rituale, sondern müssen die bestehenden bloß auf eine bewusstere Ebene heben.

Fragen Sie sich mit diesen neuen Informationen im Hinterkopf nun noch einmal: Was tue ich als Erstes nach Feierabend oder in meiner Pause? Was mache ich, gleich nachdem die Kinder eingeschlafen sind? Was tun Sie, wenn Sie aus dem Pflegeheim oder Krankenhaus treten, in dem ein Angehöriger liegt, dem Sie tagtäglich Beistand leisten? Was ist Ihre erste Handlung nach dem stressigen Pflichtbesuch bei Ihren Eltern? Das klingt nach einer merkwürdigen Ansammlung von Fragen, weil sie sich auf so viele verschiedene Lebensbereiche beziehen. Damit wir uns nicht zu kleinteilig in den Besonderheiten unterschiedlicher Situationen verstricken, werde ich Ihnen nun einige Rituale nach Kontext vorschlagen, die Ihren Erholungsbeginn einleiten können. Diese Einteilung ist nicht dogmatisch zu betrachten, natürlich können Sie Rituale, die ich Ihnen hier im Arbeitskontext vorschlage, auch im privaten Bereich ausprobieren und umgekehrt. Ich habe also gewissermaßen ein kleines Ritual-Buffet für Sie vorbereitet, von dem Sie sich bedienen können. Fühlen Sie sich frei und experimentieren Sie. Damit zurück zu unseren Modell-Erholungsbedürftigen!

Was Jenni tun könnte

Erinnern Sie sich noch? Jenni ist eine schwer beschäftigte Ärztin auf der Suche nach Erholung. Ihre Lage scheint wirklich aussichtslos zu sein, dauernd ist sie im Dienst. Trotz allem gibt es Zeiten, in denen sie frei hat, nur schafft sie es leider nicht, in ihren Auszeiten neue Kraft zu tanken. Mittels welcher Rituale könnte Jenni den Übergang von der Arbeit zur Erholung bewusster gestalten?

1. Das Schuh-Ritual

Egal wie beschäftigt wir sind, es gibt immer einen Zeitpunkt, an dem wir nach Hause kommen. Wir sollten ihn uns bewusst machen, ihn genießen und dabei wissen, dass nun unsere Erholungszeit beginnt. Ein mögliches Ritual ist, dass wir mit dem Abstellen der Schuhe ins Regal auch gedanklich unsere Arbeit »abstellen«. Wir lassen sie bei unseren Sneakers, Stiefeln oder Sandalen, bis wir diese am nächsten Morgen wieder anziehen. Wir tun gar nichts anderes, als unsere Schuhe auszuziehen und sie irgendwo hinzustellen wie sonst auch, aber wir *verbinden* diese Handlung mit dem Gedanken, dass wir nun im Feierabend sind und es nicht mehr notwendig ist, an die Arbeit, an Patienten, Kunden, Klienten, Chefs und Kollegen zu denken. Herrlich.

2. Sich verabschieden

Natürlich sind Sie ein höflicher Mensch und haben gelernt, anderen Tschüss zu sagen, wenn Sie gehen.

Aber tun Sie das auch ganz bewusst? Wenn Sie das nächste Mal das Büro verlassen und einen »Schönen Feierabend!« wünschen, können Sie das mit voller Absicht machen – wissen Sie doch, dass nun die Erholungszeit beginnt, für die Kollegen, aber auch für Sie selbst. Um die Bewusstheit zu steigern, sehen Sie dem Betreffenden ruhig noch einmal in die Augen, das ist nicht nur Ihrem Ritual zuträglich, sondern auch Ihrer Beziehung zu dieser Person. Sie müssen dabei nicht albern werden. Versuchen Sie einfach, noch einmal Blickkontakt zu erhaschen. Falls Sie der Letzte sind, der geht (Achtung, jetzt wird es doch noch albern!), können Sie sich auch von den leeren Büroräumen verabschieden. Wenn Sie dabei lachen müssen, ist das bestens, dann gehen Sie eben in noch besserer Stimmung.

3. Der Weg zum Strand

Manchmal braucht man auch ein wenig mehr Zeit, um runterzukommen, und Sie können Ihren Heimweg von der Arbeit ganz einfach dazu nutzen, den Übergang von der Arbeit zur Erholung symbolisch zu beschreiten. Egal, ob Sie laufen, mit dem Fahrrad, Auto, Bus oder der Bahn fahren, stellen Sie sich vor, dass Sie nun auf dem Weg zum Strand sind. Der Strand ist Ihr *Symbol* für Erholung. Da der Strand sich in Ihrem Kopf befindet, ist es ratsam, dass Sie auch tatsächlich ein Bild dieses Ortes in Ihrem Geist erzeugen, zu dem Sie unterwegs sind. Das ist Ihr Ziel und Sie lassen die Gedanken an Ihre Arbeit zugunsten dieser Vorstellung Stück für Stück hinter sich. Das muss nicht wie auf Fingerschnipp geschehen, sondern darf wirklich die Zeit Ihres Heimwegs beanspruchen. Manchmal gleicht dieses Ritual auch einem Pendeln. Ihre Gedanken wandern immer wieder zur Arbeit und Sie führen sie ganz behutsam wieder in Richtung Strand. Das ist vollkommen in Ordnung. Die Hauptsache ist, dass Sie ganz bewusst mit dem ersten Schritt Richtung Zuhause mit diesem Ritual beginnen und damit klar Ihre Erholung einleiten.

4. Das Essens-Ritual

Wenn Sie in einem Angestelltenverhältnis arbeiten, haben Sie je nach Arbeitslänge eine halbstündige oder sogar einstündige Pause, in der Sie sich erholen können. Wahrscheinlich essen oder trinken Sie in dieser Zeit etwas. Anstatt rasch Ihre Brotbox zu öffnen oder das Business Lunch wegzuputzen, können Sie sich einige Sekunden Zeit für ein Ritual nehmen, das Sie wirklich noch einmal in der Pause ankommen lässt. Was könnten Sie tun, bevor Sie anfangen zu essen? Ich empfinde es als sehr schön, vor dem Essen das Wort »Danke« zu denken oder sogar zu sagen. Das hat in diesem Fall nichts mit einem Gebet zu tun, sondern bloß mit der Tatsache, dankbar für diese Pause und dieses Essen zu sein. Erinnern Sie sich an die Studie: Das Essen schmeckt durch ein vorhergehendes Ritual sogar *besser*! Alternativ können Sie sich selbst (und anderen natürlich) einen guten Appetit wünschen. Ja, das machen Sie doch schon, ich weiß. Aber tun Sie es ab heute bewusst. Appetit zu haben heißt, Lust am Essen zu verspüren, es zu genießen – und natürlich seinen Hunger zu stillen. Erinnern Sie sich an diese Bedeutung. Oder übernehmen Sie gerne das Schokoriegel-Ritual aus der Forschung und brechen Sie Schokolade oder andere Leckereien einmal durch, bevor Sie sie essen. Falls Sie bloß einen Kaffee oder Tee trinken, halten Sie die Tasse für einen Augenblick in der Hand, lächeln Sie in Vorfreude auf den ersten Schluck und gehen damit in Ihre verdiente Erholung über.

5. Das Smartphone-Ritual

Hand aufs Herz: Was tun die meisten von uns direkt nach Feierabend oder in ihrer Pause als Erstes? Klar, wir gucken auf unser Telefon! Perfekt! Nutzen Sie diese schon etablierte Gewohnheit, um den Beginn Ihrer Freizeit einzuleiten. Dafür denken Sie bitte bereits, bevor Sie zu Ihrem Handy greifen, dass Sie genau das gleich tun werden, und zwar mit der Absicht, mit dieser Handlung Ihre Erholungszeit bewusst zu beginnen. Lassen Sie Ihr Telefon dann ruhig einige Sekunden lang in Ihrer Hand liegen, zählen Sie bis drei und drücken erst dann aufs Knöpfchen. Eine wunderbare Möglichkeit, Ihr Smartphone weiterhin in Ihr Erholungs-Ritual miteinzubeziehen, sind Wallpaper. Benutzen Sie als Hintergrundbild ein Strandfoto oder ganz einfach als Reminder das Wort »Erholung«. Achtung: Zahlreiche Studien belegen, dass wir diese Bilder oft ändern müssen, damit sie (noch) eine

Wirkung auf uns haben! Sie kennen das Phänomen bestimmt: Wenn Sie in Ihrer Wohnung etwas verändern, zum Beispiel ein Möbelstück umstellen, springt Ihnen das Sofa in der ungewohnten Ecke einige Tage lang immer wieder ins Auge, bis Sie sich daran gewöhnt haben und es schließlich gar nicht mehr bemerken. Das ist ganz normal und dient der Entlastung Ihres Gehirns. Es wäre höchst ineffizient, wenn jede Veränderung dauerhaft unsere Aufmerksamkeit auf sich ziehen würde. Daher mein Vorschlag: Entscheiden Sie sich jeden Montag für ein neues Wallpaper zum Thema Erholung (lassen Sie Ihrer Fantasie freien Lauf!), damit setzen Sie regelmäßig neue Reize für Ihr Gehirn und schaffen ein wirksames Ritual.

Was Nadja tun könnte

Auch wenn es Ihnen in Ihrem Alltag hin und wieder geht wie Nadja, der Mutter von drei Kindern, können Sie die Macht der Rituale für sich nutzen. Die Sache ist hier allerdings etwas kniffliger, da wir im zwischenmenschlichen Bereich natürlich keinen festen Feierabend oder geregelte Pausen haben – das wäre auch sehr merkwürdig. Wir müssen uns daher etwas mehr bemühen, um unsere Auszeiten wahrzunehmen. Mit welchen Ritualen können wir die (wenigen oder kurzen) Zeitfenster beginnen, um bestens in der folgenden »Zeit für sich« zu regenerieren?

1. Das Herz-Ritual

Die Kinder sind im Kindergarten, in der Schule oder schlafen, der Partner/die Partnerin ist unterwegs, der Vater/die Mutter in der Tagespflege, die Freundin/der Freund sagt unsere Verabredung ab – ganz egal, wie unser Alleinsein zustande kommt, wir sollten uns darüber freuen, denn nun können wir wertvolle Zeit mit uns selbst verbringen. Ein schönes Ritual, um damit zu beginnen, ist das Herz-Ritual. Dazu stellen wir uns einfach hin, die Beine in einer leichten V-Form, die Hände legen wir übereinander auf den Herzraum. Und nun sagen oder denken wir die Worte: *Ich bin*. Normalerweise folgt diesen beiden Worten immer irgendetwas: Ich bin Mutter oder Vater, ich bin Ehemann oder Ehefrau, ich bin Tochter oder Sohn, Freund, Freundin, Tante, Onkel – wir beschreiben damit die Beziehung, in der wir zu jemandem stehen. Aber jetzt, in diesem Moment, *sind* wir einfach. Beginnen Sie Ihre Zeit für sich mit dieser wunderbaren Erfahrung, auch jenseits aller Bezüge und Beziehungen zu existieren.

2. Dress it up

Erinnern Sie sich noch daran, dass man das Wort Ritual mit Weihnachten oder Ostern verbindet? Rituale sind häufig etwas Besonderes, weil man bestimmte Kleidung trägt. Stellen Sie sich mal vor, der Weihnachtsmann käme in Jeans und Holzfällerhemd – wo wäre da der ganze Zauber plötzlich hin? Ein weiteres Ritual, um Ihre ganz besondere Zeit für sich einzuleiten, ist daher, sich etwas anderes anzuziehen. Ich sage ausdrücklich *nicht*, dass Sie sich in Ihr altes Abiball-Kleid zwängen sollen, sobald die Kinder im Bett sind. Sie können sich einfach bewusst die weiche Strickjacke überziehen, in die gemütlichen Hausschuhe schlüpfen oder die Hose wechseln. Vielleicht möchten Sie sich auch eine Kette umbinden oder Ihre Uhr ablegen, bloß für diese Zeit mit sich. Spüren Sie dabei in sich hinein, wie es sich anfühlt, dieses Ritual auszuführen. Das kommt Ihnen bestimmt komisch vor, aber tatsächlich markiert das Ritual des Umziehens die Übergänge zu allen möglichen Anlässen. Egal, ob Sie nun zu Bett gehen, morgens aufstehen, sich für ein Treffen bereit machen, Sport treiben möchten, ein Fest besuchen, zur Arbeit müssen – es gibt so viele Ereignisse und Vorhaben, die es Ihnen wert sind, sich andere Kleidung anzuziehen. In wie vielen Fällen ist es tatsächlich zwingend notwendig? Machen Sie es sich zum Ritual, nur ein Detail an Ihrer Kleidung zu ändern, bevor Ihre Zeit für sich startet, es wird auch innerlich einen Unterschied machen!

3. Das Drei-Worte-Ritual

Dieses Ritual ist in doppelter Hinsicht wirksam, denn es läutet nicht nur Ihre Zeit für sich ein, sondern bringt Sie auch direkt in Kontakt zu dem, was Sie in diesem Moment fühlen. Sie brauchen dafür ein Blatt Papier und einen Stift, besser wäre ein Notizbuch. Wenn Sie extra ein Notizbuch für dieses Ritual anlegen, sind Sie nämlich eher dazu geneigt, es auch tatsächlich auszufüllen. Sobald Sie allein und in Ruhe sind, schreiben Sie drei Adjektive auf, die Ihr momentanes Erleben beschreiben.

Müde, zufrieden, hungrig.
Kalt, erfüllt, unschlüssig.
Genervt, ratlos, gelangweilt.

Natürlich denkt man anfangs vielleicht: Ich weiß gar nicht so genau, wie ich mich fühle. Aber darum geht es ja. Sie wollen in der folgenden Zeit in Kontakt mit sich selbst sein und mit diesem Drei-Worte-Ritual machen Sie den ersten Schritt. Abgesehen davon ist es auch sehr interessant und aufschlussreich, die Worte von gestern oder letzter Woche zu lesen – was hat sich seitdem verändert? Wenn Sie Ihr Notizbuch nicht dabeihaben oder Ihnen das mit dem Notieren zu umständlich ist, dann denken Sie sich diese drei Worte einfach. Hauptsache, es ist Ihr bewusstes Ritual, um in die Zeit mit sich zu starten!

4. Das Essens-Ritual & 5. Das Smartphone-Ritual

An dieser Stelle möchte ich Sie daran erinnern, dass Sie sich selbstverständlich auch im Beziehungsbereich Rituale herauspicken können, die ich in Hinblick auf den Job beschrieben habe. Wenn Sie als Erstes auf Ihr Smartphone sehen oder etwas essen oder trinken, wenn Sie allein sind, dann machen Sie diese Handlungen wie beschrieben zu Ihrem festen Ritual am Beginn Ihrer Erholungszeit.

Was Heike tun könnte

Wir füllen unsere Freizeit oft mit Aktivitäten, ohne weiter darüber nachzudenken. Sport treiben, einen Ausflug machen, ein Buch lesen, Musik hören, andere Sprachen lernen, ein Museum besuchen, meditieren, im Internet surfen – wir könnten die Liste wahrscheinlich ewig fortführen, gerade wenn wir wie Heike alle Zeit der Welt für Freizeitaktivitäten haben. Keine dieser Tätigkeiten ist im Sinne der Erholung falsch oder nicht sinnvoll. Es kommt bloß darauf an, *wie* wir sie ausführen, das heißt, welche innere Einstellung uns dabei begleitet. Wenn wir uns erholen wollen, ist der entscheidende Faktor, dass wir unsere Freizeitaktivitäten mit genau dieser Absicht beginnen, und das drückt sich am besten mittels eines Rituals aus.

1. Das Sport-Ritual

Wenn Sie gerne Sport treiben möchten, um sich zu erholen, ist ein schönes Ritual, sich vorher zu verbeugen. Wahrscheinlich kennen Sie das aus Kampfsportarten oder auch aus dem Yoga – sich zu verbeugen ist im asiatischen Raum eine ganz normale Höflichkeitsgeste. Wir drücken damit unserem Gegenüber Respekt aus. Wenn Sie sich vor dem Sport verbeugen, verbinden Sie damit den Gedanken, dass Sie Ihren Körper wertschätzen. Es ist nicht selbstverständlich, dass Sie diesen Sport ausführen können. Wissen Sie Ihre Zeit, Ihre Energie und die glücklichen Umstände zu schätzen, die dazu beitragen, dass Sie nun mit dem Sport beginnen können! Spüren Sie ganz bewusst den Entschluss, sich durch diese Betätigung zu erholen! Das kommt Ihnen natürlich ungewohnt vor und ich verstehe das. Sobald Sie es sich jedoch zur Gewohnheit gemacht haben, ist dieses Gefühl verflogen. Sie müssen diese kurze Verbeugung nicht ausgiebig öffentlich zelebrieren, Sie tun es nur für sich und werden bemerken, dass keiner davon Notiz nimmt, wenn Sie Ihren Oberkörper leicht nach vorne lehnen und – wenn Sie möchten – für einen Moment dabei die Augen schließen.

2. Der Gong

Wenn Sie Yoga oder Meditation praktizieren, dient Ihnen wahrscheinlich bereits eine Klangschale als Hilfsmittel. Bringen Sie diesen Gegenstand auch in andere Freizeitaktivitäten ein und kündigen Sie mit ihm den Anfang Ihrer Erholung an. So können Sie beispielsweise versuchen, das Wort »Erholung« zu denken, wenn Sie den vertrauten Klang hören – und dann tun Sie, was auch immer Sie in Ihrer Freizeit gerne tun: Lesen, Fernsehen, Telefonieren, eine Fremdsprache lernen, Gymnastik, Kochen. Falls Sie dafür irgendwohin gehen, läuten Sie den Gong einfach, bevor Sie die Wohnung verlassen. Platzieren Sie ihn dafür am besten in der Nähe der Tür, damit Sie es nicht vergessen. Falls Sie keine Klangschale haben und sich auch keine zulegen möchten, gibt es kostenfreie Apps, mithilfe derer Sie einen solchen Ton erzeugen können. Falls Ihnen das aufgrund besonderer Umstände oder der jeweiligen Situation auch nicht möglich ist, stellen Sie sich diesen harmonischen Klang einfach vor.

3. I feel it in my fingers
Hierbei handelt es sich im Prinzip um das Smartphone-Ritual in abgewandelter Form. Sie können es anwenden, wenn Sie in Ihrer Freizeit etwas tun, das mit einem bestimmten Gegenstand zu tun hat. Das klingt abstrakt, gemeint ist damit: ein Buch zum Lesen, der Stift, um zu malen, der Laptop, um zu schreiben oder im Internet zu surfen. Bevor Sie mit diesem Gegenstand tun, was auch immer Sie tun, fassen Sie ihn bitte an, *ohne* die Aktivität in Angriff zu nehmen. Halten Sie drei Sekunden inne und nehmen Sie den Moment wahr, in dem Ihre Erholung beginnt. Erst dann beginnen Sie zu zeichnen, auf die Power-Taste zu drücken oder zu lesen.

4. Der Weg zum Strand & 5. Dress it up
Insbesondere diese beiden Rituale aus den anderen Lebensbereichen sind hinsichtlich unserer Freizeitaktivitäten sinnvoll. Oft ziehen wir uns um, bevor wir einen Kurs besuchen oder etwas Bestimmtes unternehmen. Machen wir diese Gewohnheit oder Notwendigkeit also zum Ritual für den Erholungsbeginn.

Wir können auch den Weg, den wir zu einem Kurs, zum Fitnesscenter oder Ausflugsort zurücklegen, zu einer symbolischen Handlung machen, indem wir ihn mit dem Gedanken verbinden: Jetzt möchte ich mich erholen.

Ritual-Fazit

Ich möchte Sie bitten, sich ein oder zwei der vorgestellten Rituale vom Buffet auszusuchen und diese in Ihren Alltag zu integrieren. Zu diesem Zweck folgt hier noch einmal eine Liste mit den vorgestellten Möglichkeiten:

Das Schuh-Ritual
Sich verabschieden
Das Essens-Ritual
Der Weg zum Strand
Das Smartphone-Ritual
Das Herz-Ritual
Das Drei-Worte-Ritual
Das Sport-Ritual (Verbeugung)
Der Gong
I feel it in my fingers
Dress it up

Ziel ist es nicht, dass Ihr Alltag nur noch aus Ritualen besteht. Weniger ist definitiv mehr. Andernfalls ist es möglich, dass die Rituale für Sie die Bedeutung verlieren und Sie nur noch mechanisch Bewegungen ausführen – oft ergeht es uns so im Alltag, wenn wir jemandem die Hand schütteln, guten Appetit wünschen oder unseren Pausenkaffee schlürfen. Wir denken uns kaum mehr etwas bei unserem Verhalten. Ich möchte Sie deshalb dazu auffordern, wach zu bleiben und Ihren Alltag etwas mehr zu beobachten. Sie werden erstaunt sein, wie oft sich Ihnen die Möglichkeit bietet, sich zu erholen! Nehmen Sie diese Zeiträume wahr. Ausgiebige Urlaube sind wichtig – wir werden dieses Thema noch gesondert besprechen –, aber es sind die kurzen Erholungsphasen, die Tag für Tag einen Unterschied machen.

Anfangs werden Sie das Ritual häufiger vergessen, das ist ganz normal. Sie kauen bereits Ihr Brötchen und plötzlich fällt Ihnen ein: »Jetzt habe ich meinem Gegenüber wieder nur ganz automatisch guten Appetit gewünscht, das wollte ich doch bewusst machen und an Erholung denken!« Freuen Sie sich darüber. Die Tatsache, dass Ihnen das überhaupt auffällt, ist prima und Sie können einfach nachträglich kurz innehalten und beim nächsten Mal rechtzeitig daran denken. Die grundlegende Aussage dieses Kapitels lautet:

Erholung beginnt mit einem Ritual.

Teil 2

Das Erholungstraining

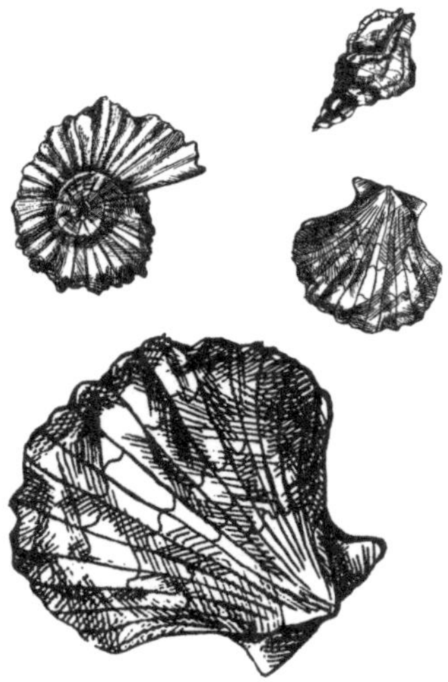

Kapitel 4

Flaschenpost oder: Das kürzeste Kapitel mit der wichtigsten Message

Strand in Sicht

Ein Schnabel macht noch keine Möwe – wenn Sie diesen Vogel zeichnen wollen, tun Sie deshalb gut daran, sämtliche seiner Merkmale zu kennen und im besten Fall auch noch zu wissen, *wie* Sie diese am besten aufs Papier bringen können.

Stellen Sie sich mal einen Strand vor. Was sehen Sie vor Ihrem geistigen Auge? Vermutlich weißen oder schwarzen Sand, das Meer oder die See, einen blauen Himmel, vielleicht mit einigen Wölkchen, die Sonne, Palmen oder Dünen, Strandkörbe, spielende Kinder, Luftmatratzen, andere Urlauber, Handtücher, einen Eisstand – wie, das ist Ihnen schon zu viel? Mir auch. Meiner Meinung nach braucht ein Strand bloß: Sand,

Meer, Himmel, Sonne. Ich gebe zu, dass Palmen und eine Hängematte ihren Reiz haben, und wir werden später noch dazu kommen, Ihren Traumstrand etwas zu individualisieren. Vielleicht haben Sie ja Lust auf eine Beachbar oder einen Surfbrett-Verleih. Aber ich hoffe, wir können uns zunächst einmal auf die genannten vier Grundelemente einigen.

Auf den nächsten Seiten wird es darum gehen, diese Strandmerkmale in Erholungsbausteine zu übersetzen – denn die Erholungsforschung hat ergeben, dass es genau diese vier Komponenten sind, die zur Erholung führen, und dass das Wissen um die einzelnen Bausteine sowie verschiedene Techniken, mit denen Sie diese am besten umsetzen (das »Wie«, wenn es darum geht, eine Möwe zu zeichnen), Ihr Erholungserleben tatsächlich verbessern. Unser Erholungstraining beginnt also *jetzt*. Einer der wichtigsten Wegweiser auf unserer Route lautet:

Erholung besteht aus vier Elementen.

~

Kapitel 5

Der erste Erholungsbaustein: Gedanklicher Abstand

I can't get you out of my head

Schön und gut, denken Sie jetzt vielleicht. Ich mag nun wissen, dass Erholung mit einer bewussten Entscheidung beginnt und dass ein kleines Ritual zu Beginn durchaus sinnvoll ist, um das angenehme Gefühl der Erholung zu intensivieren und mir die Kontrolle über meine Freizeit zurück zu verschaffen. Aber *dann* beginnt ja erst die eigentliche Erholung und das Einzige, was passiert, ist, dass mir sämtliche liegen gebliebenen Arbeiten durch den Kopf gehen! Von Beruf über Freizeit, Familie und Freunde, ich denke an alles Mögliche und fühle mich dabei so erholt wie ein Strandläufer bei Windstärke zwölf.

Haben Sie Lust, mal einen Blick in Jennis Kopf

während ihrer Kaffeepause in der Nachtschicht zu werfen und ihrer inneren Stimme zu lauschen? Das hört sich ungefähr so an:

»Ach herrlich, so ein heißer Kaffee. Oh Mann, es ist erst halb zwei! Die Nacht ist noch jung und ich bin schon so müde. So wie es heute auf der Station aussieht, kann ich mal wieder Überstunden machen. Das ist geradezu unverantwortlich den Patienten gegenüber, aber es ist die einzige Lösung, die es momentan gibt. Lieber eine todmüde Ärztin als gar keine. Martins Worte letzte Woche haben mich so verletzt. Warum kann er kein Verständnis für meinen Job aufbringen? Ich meine, es ist wirklich wichtig, was ich hier tue. Er arbeitet bloß bei einer Tankstelle, Tankwarte braucht doch kein Mensch. Oh, wie gemein von mir, so etwas zu denken. Ich habe einen schlechten Charakter, kein Wunder, dass niemand mehr etwas mit mir zu tun haben will. Wenn das so weitergeht, werde ich nie heiraten und Kinder bekommen. Wahrscheinlich besser so, die würden ihre Mutter ja nie zu Gesicht kriegen. Die Wohnung sieht auch schrecklich aus, im Grunde will ich gar nicht mehr nach Hause gehen. Wann habe ich eigentlich zuletzt mein Bett bezogen? Oder die Kaffeemaschine entkalkt?«

Na, wie gefällt Ihnen dieser Einblick in Jennis Pause? Klingt Ihre innere Stimme in dieser Situation ähnlich oder gibt es längere Phasen der inneren Stille und konstruktivere Gedanken? Ich nehme an, dass Ihnen in der Pause oder auch nach der Arbeit, nachdem Sie acht Stunden lang im Büro waren und wichtigen Aufgaben nachgegangen sind – eine Präsentation vorbereitet, Recherche betrieben, Teamsitzungen geleitet haben –, auf dem Weg nach Hause noch allerlei Begriffe und Überlegungen durch den Kopf gehen.

Während meiner Studienzeit habe ich im Verkaufsbereich gejobbt und nach einer langen Schicht lag ich manchmal abends im Bett und habe das ständige Kaufhausgemurmel, die Bitten und Anweisungen von Kollegen und Vorgesetzten, die Kundenfragen und die permanente Hintergrundmusik noch regelrecht *gehört*. Natürlich war diese Geräuschkulisse in meinem Kopf, aber sie war so unkontrollierbar da, als würde sie tatsächlich noch von außen erschallen. Unmöglich, sie abzustellen.

Ähnlich ohnmächtig geht es oft Menschen in helfenden Berufen, die tagtäglich herausfordernde zwischenmenschliche Arbeit leisten – Therapeuten, Ärzte, Pflegekräfte, Lehrer, Erzieher. Ich arbeite inzwischen seit Jahren im Bereich der Sozialarbeit und ich kenne das Gefühl sehr gut, dass mir Erzählungen noch nachgehen.

Das gedankliche In-Beschlag-genommen-Sein gibt es aber nicht nur im Arbeitskontext. Nahezu alle Eltern werden mir bestätigen können, dass sie häufig an ihre Kinder denken, wenn sie gerade nicht bei ihnen sind. Das kann natürlich positiv sein, wenn es freudige Gedanken sind, aber wenn wir sorgenvoll bei unseren Kindern sind, obwohl wir *nicht* bei unseren Kindern sind, kann von elterlicher Erholung keine Rede sein. Zudem malen wir uns oft Szenarien aus, die gar nicht eintreffen werden. Wenn Sie sich noch einmal an unser Biologie-Kapitel zurückerinnern, entsteht Stress immer in unserem Gehirn, ob nun der Säbelzahntiger um die Ecke biegt oder wir uns nur darüber sorgen, *ob* er um die Ecke biegt. (Wenn Sie mich fragen, wäre es besser, er würde wirklich auftauchen und wir könnten ihn ein für alle Mal erlegen.) Manchmal schlagen wir uns ungewollt stundenlang mit diesen fiesen Phantom-Raubkatzen rum, Gedanken wie: »Was ist, wenn ihr heute auf dem Weg nach Hause etwas passiert?«, oder: »Wenn das so weitergeht, muss ich mit ihm zum Therapeuten gehen!«

Mark Twain drückte es so aus: »Ich habe viele schreckliche Dinge in meinem Leben durchgemacht. Einige davon sind tatsächlich passiert.« Auf einen Großteil unserer Sorgen trifft diese Feststellung sehr gut zu und so halten uns nicht nur Gedanken an die Arbeit, sondern auch Sorgen um unsere Lieben oft von der Erholung ab.

Ebenso können Partnerschaftsschwierigkeiten eine verlässliche Quelle wiederkehrender unangenehmer Gedanken sein. Erinnern Sie sich noch an Ihre letzte Trennung? Manchen Menschen fällt es nach so einem Ereignis ziemlich schwer, wie gewohnt am Alltag teilzunehmen, weil sie sich immer wieder fragen müssen, was genau schiefgelaufen ist und wie es jetzt bloß weitergehen soll. Nach einer Scheidung braucht es oft Jahre, um sich wieder voll und ganz auf andere Dinge fokussieren zu können.

Die Pflege erkrankter Familienmitglieder ist auch

so ein Fall. Sie kann unsere gedankliche Aufmerksamkeit derart binden, dass wir unser eigenes Leben geradezu vergessen, während wir versuchen, das eines anderen zu organisieren. Hier verhält es sich im Grunde ähnlich wie mit dem Elternsein: Wenn wir uns für jemanden verantwortlich fühlen, ist es ganz natürlich, dass wir zusätzlich zu den Gedanken an unseren Alltag noch bedenken, was der andere braucht.

Vielleicht kennen Sie auch das Phänomen, dass Sie während des Sporttreibens schon an die nächsten oder die versäumten Kurse denken, Sie sich also *beim* Yoga fragen, warum Sie eigentlich nicht öfter zum Yogakurs gehen, sich ärgern, weil Sie letzte Woche nicht da waren, oder auf dem Crosstrainer sitzend denken: »Bringt das jetzt überhaupt was? Müsste ich nicht auch noch mindestens einmal die Woche Krafttraining machen?«

Nicht zu unterschätzen ist außerdem die To-do-Liste mit unseren häuslichen und privaten Pflichten, die wir immer wieder durchkauen, um alles auf dem Schirm zu behalten: einkaufen, kochen, endlich die Hausverwaltung anschreiben, den Termin zum Reifenwechsel in der Autowerkstatt machen, die Wohnung durchsaugen, die neue Matratze besorgen, Wäsche waschen, einen Kuchen für den Besuch am Sonntag backen, ein Geschenk zur Einschulung der Nichte kaufen, den Zahnarzttermin nicht schon wieder vergessen, das Fußballtraining absagen, beim Optiker die neuen Brillengläser bestellen, das Paket beim Nachbarn abholen – an alles muss gedacht werden.

Eines steht fest: Bei diesem inneren Wirrwarr kann sich doch kein Mensch erholen!

Ganz so salopp drückt es die Forschung zwar nicht aus, aber im Grunde kommen psychologische Studien zu genau diesem Ergebnis: Es ist absolut notwendig, sich mental von Pflichten und Anforderungen distanzieren zu können, um sich zu erholen. Im Alltag kennen wir diese Regel natürlich bereits und sprechen metaphorisch davon, »Arbeit nicht mit nach Hause zu nehmen« oder »den Kopf frei zu kriegen«. Es gibt grundsätzlich zwei Ansätze, mit denen wir das erreichen können. Sie wollen jetzt bestimmt sofort wissen, welche das sind und wie sie funktionieren, stimmt's? Sie sollen es erfahren! Machen wir jedoch zuerst eine kurze Bestandsaufnahme, damit wir wissen, von wo aus wir überhaupt starten.

So sieht's aus

Wie steht es denn bei Ihnen mit dem gedanklichen Abstandnehmen? Haben Sie Lust, diese Frage mal in Zahlen zu beantworten?

Im Folgenden finden Sie dafür vier Aussagen, die Sie mit »stimmt« oder »stimmt nicht« beantworten können. Ein »stimmt nicht« erhält bitte von Ihnen die Zahl Null und ein »stimmt« die Zahl Zwei. Sollten Sie sich irre schwer damit tun, sich zwischen diesen beiden Polen zu entscheiden, können Sie noch die Kategorie »geht so« hinzufügen und sie mit der Zahl

Eins gleichsetzen. Aber das *wirklich* nur, wenn Sie ganz nervös bei dem Gedanken werden, sich zwischen »stimmt« und »stimmt nicht« zu entscheiden. Und auf keinen Fall überall »geht so« ankreuzen. Sagen wir, höchstens einmal.

Nachdem Sie die vier Sätze bewertet haben, zählen Sie bitte die sich ergebenden Zahlen zusammen. Die Höchstzahl sollte acht und die niedrigste Zahl null betragen. Ganz genau, das ist ein bisschen wie bei den Psychotests in Frauenzeitschriften, bloß ohne dass ich Sie am Ende in einen Erholungstyp einteile und Ihnen sage: Herzlichen Glückwunsch, Miss/Mister Sunshine! Oder: Sieht wohl eher nach Steilküste aus! Das wäre zwar ganz unterhaltsam, macht psychologisch gesehen aber keinen Sinn. Der Gedanke hinter diesem kleinen Fragebogen (der übrigens an den *Recovery Experience Questionnaire*, zu Deutsch: »Fragebogen zur Erfassung von Erholungserfahrungen« angelehnt ist) ist, dass *Sie* für sich persönlich einen ersten Eindruck bekommen, ob Sie vielleicht noch an der Schraube »gedanklicher Abstand« drehen könnten, um sich schnellstmöglich wie im Sommerurlaub zu fühlen, oder ob dieser Baustein bereits eine Ihrer wertvollen Ressourcen darstellt. Wir werden diese kurze Bestandsaufnahme im Laufe der nächsten Kapitel für alle vier Erholungsbausteine machen, sodass Sie einerseits wissen, auf welche Stärken Sie zurückgreifen können, und andererseits einen klaren Anhaltspunkt dafür haben, wo Sie am besten nachhelfen können.

Eine Anmerkung noch dazu: Die Fragen klingen teilweise sehr gleich, das ist beabsichtigt und in Ordnung so, da sie ja auch das Gleiche messen sollen – daher wird natürlich wiederholt Ähnliches abgefragt. Damit will ich Sie nicht veräppeln, ganz im Gegenteil! Ich konfrontiere Sie nur mit dem Material, das wirklich wichtig ist. Wissen Sie, wie Psychologen nämlich normalerweise vorgehen, wenn Sie mittels Fragebögen etwas aus Ihnen herauskitzeln wollen? Sie stellen Ihnen eine Frage, deren Beantwortung essentiell für das ist, was sie messen wollen, und dann stellen Sie Ihnen zehn Fragen, die überhaupt nichts mit dem Thema zu tun haben, in etwa: Wie oft pro Woche essen Sie eigentlich Cheeseburger? Die zehn unwichtigen Items nennt man »Distraktoren«, ganz recht, es gibt sie nur, um Sie zu verwirren, damit Sie gar nicht merken, was die *wirklich* entscheidenden Fragen sind. So etwas gibt es hier nicht. In diesem Buch sind Sie Ihr eigener Chef, verantwortlich für Ihren Fragebogen und Ihre Erholung, es ist schließlich auch Ihr Strand in Ihrem Kopf, zu dem Sie wollen. Also los geht's: Fragebogen-Zeit!

Lesen Sie sich bitte die folgenden Aussagen durch und beschließen Sie, ob diese Ihrem ganz subjektiven Erleben entsprechen oder nicht. Bereit?

1. Wenn ich abends im Bett liege, denke ich nicht mehr an meine beruflichen oder privaten Anforderungen.
2. In meiner Freizeit vergesse ich meine Pflichten.

3. Wenn ich mich ausruhen will, gelingt es mir gut, mich von Gedanken an meine To-do-Liste zu distanzieren.
4. Ich kann gezielt Abstand von Überlegungen gewinnen, die in mir Stress verursachen.

Das war's schon. Wie ging es Ihnen damit? Konnten Sie sich schnell entscheiden? Ist es eine klare Sache und Sie haben die Sätze bloß überflogen und wussten: »Das ist doch alles kein Problem!«, haben also eine Punktzahl in Richtung acht erreicht? Oder haben Sie gemerkt: »Puh, da sieht's bei mir aber mau aus«, was einer Punktzahl im unteren Bereich entsprechen würde? Je höher Ihre Punktzahl, desto mehr Übung haben Sie jedenfalls bereits damit, sich von Ihren Gedanken zu lösen. Erfahrungsgemäß fällt das den meisten Menschen ohne Anleitung und Übung sehr schwer, wenn das bei Ihnen anders ist, bedeutet das aber ganz und gar nicht, dass Sie von dem Folgenden nicht mehr profitieren könnten.

Wo bitte ist die Fernbedienung?

Kommen wir nun zum ersten Ansatz, wie Sie Ihre Fähigkeit zum gedanklichen Abstandnehmen verbessern können. Den Rat, während Ihrer Freizeit von Anforderungen und Pflichten »abzuschalten«, hören Sie sicher nicht zum ersten Mal. Ich mag das Wort »abschalten«. Es klingt so leicht, als würde es uns zu folgendem Aha-Erlebnis führen: »Ach so, ich muss einfach abschalten! Natürlich!« Die Erholung scheint sicher, sobald wir diese Information bekommen haben. Doch leider haben wir in unserem Gehirn kein Freizeit-Icon, das wir mal eben anklicken können, wenn wir uns in der Firma ausgestempelt haben. Meinen Gedanken ist es vollkommen egal, ob ich nun abends in der Badewanne liege oder es mir mit einem Buch auf dem Sofa bequem gemacht habe, ich kann trotzdem an das Gespräch mit einem Klienten am nächsten Tag denken. Wie gedankliches *Abschalten* funktioniert, kann ich Ihnen also nicht erzählen, doch es gibt da etwas viel Besseres: *Kognitive Defusion*.

Das hört sich für Sie überhaupt nicht besser an, oder? Und vor allem, was soll das überhaupt sein? Ironischerweise kennen wir das Wort »Fusion« vor allem aus dem Arbeitskontext. Wenn zwei Firmen fusionieren, bedeutet das, dass zwei oder mehrere Konzerne zu einem Unternehmen verschmelzen. Ob Sie es glauben oder nicht: Das, was in der Wirtschaft passiert, geschieht tagtäglich in Ihrem Kopf. Sie sind ganz automatisch mit Ihren Gedanken verschmolzen, in der Psychologie wird das »Kognitive Fusion« genannt. Wir sind mit unserem inneren Monolog vereint und identifizieren uns vollständig mit ihm, ohne dass wir uns je bewusst dazu entschlossen hätten.

Was die meisten Menschen jedoch gar nicht wissen: Wir können uns jederzeit bewusst dafür entscheiden, diese Fusion aufzulösen. Ein Vorgang, der dann »Kognitive **De**fusion« genannt wird.

Häufig ist diese Technik sinnvoll, damit wir weniger unter unseren unangenehmen Gedanken leiden, daher wird sie auch in Therapien, allen voran der Akzeptanz- und Commitmenttherapie, eingesetzt. In unserem Zusammenhang geht es jetzt jedoch darum, Abstand zu unserer alltäglichen To-do-Liste, unserem inneren Pflichtkatalog, aber auch zu stressbehafteten Gedanken und Sorgen zu gewinnen, um unserer Erholung willentlich mehr Raum zu geben, damit Sie überhaupt stattfinden kann.

Ich denke, also bin ich?

Der erste Schritt auf dem Weg zur Kognitiven Defusion ist, dass wir überhaupt *bemerken*, dass wir gerade mit unseren Gedanken verschmolzen sind. Da kann ich Ihnen viel erzählen, Sie müssen es selbst erleben. Also: Legen Sie bitte das Buch zur Seite, starren ein paar Löcher in die Luft und wenn Gedanken auftauchen, identifizieren Sie sie mal als bloße Gedanken, ohne auf ihren Inhalt einzugehen. Das funktioniert zum Beispiel gut, indem Sie vor jeden Gedanken den Zusatz setzen: »Ich bemerke, dass ich den Gedanken habe, dass …«, und dann ergänzen Sie mit dem, was Sie eben denken. »Ich bemerke, dass ich den Gedanken habe, dass ich den Müll noch runterbringen muss«, oder: »Ich bemerke, dass ich den Gedanken habe, dass diese Übung total bescheuert ist«. Oder auch: »Ich bemerke, dass ich den Gedanken habe, dass diese Übung vielleicht gar nicht so doof, sondern bloß ungewohnt für mich ist.«

Haben Sie es wirklich gemacht? Falls nicht, holen Sie es jetzt bitte nach!

Prima

Mit dieser Übung haben Sie damit begonnen, etwas grundlegend zu verändern: Denn genau das, was Sie gerade getan haben, dieser kleine, subtile Wechsel Ihrer inneren Perspektive hat enorme Auswirkungen. Nicht nur auf Ihre Erholung, sondern auch auf Ihre gesamte psychische und körperliche Gesundheit, Ihr Wohlbefinden, Ihre Gedächtnisleistung, Konzentrationsfähigkeit und Ihren Selbstwert. Falls Sie dieses Kapitel also bisher für abgehoben, theoretisch-psychologisch, esoterisch, meditativ-buddhistisch und vor allem wenig alltagstauglich gehalten haben, können Sie diese wissenschaftlich erwiesenen Zusammenhänge hoffentlich umstimmen und motivieren, sich auf diese Sache weiterhin einzulassen.

Aber wie soll das eigentlich genau funktionieren? Warum sollten wir uns erholter fühlen, wenn wir lernen, gedanklich Abstand zu nehmen?

Normalerweise gehen wir sofort auf unsere Gedanken ein, ohne diesen Prozess zu hinterfragen. Dieser Automatismus führt zu dem Eindruck, dass wir unsere Gedanken *sind*. Wenn unsere Gedanken nun geprägt sind von Pflichten, Zeitdruck, Sorgen, Selbstoptimierung, Pessimismus und Zweifeln, geht es uns natürlich nicht gut, da wir uns für dieses gestresste Gesamtpaket unverrichteter Arbeit halten. Aber das stimmt nicht. Wir sind *nicht* unsere Gedanken, wir sind bloß die meiste Zeit vollkommen mit ihnen verschmolzen. Dieses Wort kommt Ihnen vielleicht seltsam vor und das wird auch nicht besser, wenn ich es noch öfter wiederhole, denn *wer* ist denn eigentlich mit *wem* verschmolzen?

Im Alltag hinterfragen wir (leider) nicht, woher unsere Gedanken eigentlich kommen, »wer« sie erzeugt, »wer« sie wahrnimmt und »wer« dann darauf reagiert. Wenn wir unsere Kognitive Fusion nicht bemerken, gibt es einen scheinbar lückenlosen Gedankenfluss, der uns durch seine Strömungsgeschwindigkeit kaum eine Chance lässt, aus ihm auszusteigen. Bei der Kognitiven Defusion geht es darum, zu entdecken, dass wir eben nicht dieser Strom sind, sondern bloß auf ihm treiben. Wie sieht's aus, haben Sie Lust, noch mal ans Ufer zu paddeln und dem Fluss von außen zuzusehen? Je öfter Sie das nämlich tun, desto besser klappt's.

Schließen Sie also bitte die Augen und hören Ihren Gedanken noch mal ganz genau zu, ohne auf sie einzugehen. Nehmen Sie sich dafür dieses Mal bitte eine Minute Zeit, Sie können gern den Timer Ihres Handys stellen.

Los geht's!

Haben Sie es bemerkt? Es gibt Pausen. Ganz extrem kurze Momente, in denen Sie wirklich *nichts* denken. Viele Menschen, ich war mal einer von ihnen, glauben, dass der Sinn von Meditation sei, dieses »An-nichts-Denken« zu perfektionieren, die Gedankenpause auszuweiten, bis wir uns selbst ins gedankenlose Nirwana – oder wohin auch immer – auflösen. Aber darum geht es gar nicht. Weder bei der Meditation noch bei der Erholung. Anhand Ihrer Gedankenpausen können Sie vielmehr bemerken, dass Sie existieren, obwohl Sie gerade nicht denken. Die logische Schlussfolgerung: Sie können nicht mit Ihren Gedanken identisch sein.

Sie kennen bestimmt den berühmten Satz von René Descartes: »Ich denke, also bin ich« – eine Erkenntnis, die zum Glück fundamental falsch ist. Man könnte Sie allerdings umformulieren in: »Ich denke, also bin ich gestresst.« Wenn Sie nämlich an die Abläufe körperlicher Stressreaktionen zurückdenken, spielt die Bewertung von Ereignissen, also das, was wir über sie denken, eine Schlüsselrolle in unserem Erleben. Wenn wir uns darin trainieren, die Beziehung zu unseren Gedanken zu verändern, verändern wir alles. Wir können Gedanken mit stressigem Inhalt haben, ohne selbst gestresst zu sein, und im Umkehrschluss bedeutet das: Ihr nicht gestresstes, ständig erholtes Selbst ist immer vorhanden – es liegt hinter, unter, über und zwischen Ihren ständigen Gedanken.

Falls Sie gerade Sorge bekommen, dass Sie mittlerweile im Oberstufen-Philosophiekurs gelandet sind, kann ich Sie beruhigen. Jetzt wird es ganz praktisch und wir werden uns differenzierteren Techniken zuwenden, mit denen Sie sich von den Gedanken an Ihre Pflichten, Aufgaben und Belastungen lösen können, um Ihre ständig »erholte Basis« immer mehr willentlich zum Vorschein zu bringen.

Ihre neue Erholungspraxis

Das Schöne an Kognitiver Defusion ist, dass es sich um eine Technik handelt, die wir immer und überall anwenden können, daher brauchen wir bei unseren Übungen auch keine Unterscheidung nach Lebensbereichen zu treffen. Jenni, Nadja und Heike – alle unsere Modelle können sich sofort erholen, indem sie Abstand von ihrem Gedankenstrom nehmen, egal, ob sie bei der Arbeit, im Yogastudio oder im Kinderzimmer sind. Eine ganz simple Methode haben Sie schon kennengelernt: Setzen Sie einfach den Zusatz »Ich bemerke, dass ich den Gedanken habe, dass …« vor alles, was Ihnen im Kopf umherschwirrt, und Sie werden Ihr Denken aus einer ganz anderen Perspektive betrachten können.

Im Folgenden werde ich Ihnen weitere Übungen vorstellen, mit deren Hilfe Sie genau das erreichen können. Dabei kommt es gar nicht darauf an, dass Sie jede Übung täglich machen. Ich rate Ihnen, jede einmal auszuprobieren und sich dann eine oder zwei herauszupicken, die gut für Sie funktionieren – also jene, die Ihnen das Gefühl von Erholung und Wohlbefinden verschaffen und Ihnen am meisten Spaß bereiten.

Um Missverständnisse zu vermeiden, möchte ich an dieser Stelle noch einmal betonen: Sie sollen und müssen nicht dauerhaft versuchen, in »Kognitiver Defusion« zu leben. Die folgenden Übungen können Sie anwenden, wenn Sie sich bewusst dazu entschieden haben, sich jetzt zu erholen. Wenn Sie am Schreibtisch im Büro sitzen und Ihre To-do-Liste verfassen, ist es wahrscheinlich empfehlenswert, wenn Sie Ihren Gedanken gut zuhören und sie ernst nehmen. Mit ihnen fusioniert zu sein, stellt in diesem Kontext kein weiteres Problem dar. Wenn Sie aber auf dem Weg nach Hause sind oder sogar schon mit Ihren Lieben am Abendbrottisch sitzen und immer noch an den einen oder anderen Punkt auf Ihrer Agenda denken, können Sie sich nicht erholen. Denn im Grunde arbeiten Sie dann noch. Auch wenn wir mit unserem Partner ins Kino gehen, aber sorgenvoll an die Kinder denken, allein im Urlaub sind, aber gedanklich keinen Abstand von unseren Partnerschaftsschwierigkeiten nehmen können, beim Pilates unser Powerhaus aktivieren, während wir im Geiste unsere Einkaufsliste durchgehen (ergänzen Sie gerne Ihre eigenen Erfahrungen) – in all diesen Fällen kann uns die Kognitive Defusion gute Dienste leisten. Die folgenden Übungen haben also einzig den Sinn und

Zweck, Ihnen die Freiheit zu schenken, wieder zu *entscheiden*, wann Sie sich erholen und Ihre Gedanken Gedanken sein lassen möchten. Also: Möge die Macht Kognitiver Defusion mit Ihnen sein!

1. On-track-off-track

Wie schon erwähnt, beginnt Kognitive Defusion damit, zu bemerken, dass wir gerade vollkommen mit unseren Gedanken verschmolzen sind. Aber wie funktioniert dieses Bemerken eigentlich genau?

Wenn Sie sich vorgenommen haben, sich in den kommenden Minuten oder Stunden zu erholen, machen Sie es sich einmal zum Vorsatz, herauszufinden, wann Sie sich körperlich und geistig wirklich bewusst erholen und wann das nicht der Fall ist. Es gibt eine ähnliche Übung in der Akzeptanz- und Commitmenttherapie und sie nennt sich »On-track-off-track«, zu Deutsch: auf der Spur, neben der Spur. Mir gefällt die englische Bezeichnung besser, aber wie Sie es nennen wollen, überlasse ich Ihnen. In dieser Übung geht es letztendlich darum, zu registrieren, ob Sie gerade Ihrem Vorsatz treu sind und tatsächlich der Erholung Raum geben oder nicht.

Ein Beispiel: Die Kinder sind endlich im Bett, und für Nadja beginnt die bewusste Erholungszeit, die sie mit dem Ritual beginnt, den Gong zu schlagen und kurz innezuhalten. Dann geht sie ins Wohnzimmer, lehnt sich zurück, isst Popcorn, sieht fern und bemerkt: »Yes! Definitiv on-track!« Aber während des Films wandern ihre Gedanken zurück zu den Kindern, sie hofft, dass ihr Ältester morgen nicht schon wieder Streit im Kindergarten hat, die Kleine heute Nacht endlich durchschläft, und plötzlich fällt ihr auf: »Huch! Total off-track!« Nadja ist neben die Spur geraten und hat ihre Erholung aus den Augen verloren. So geht es immer weiter, ihr Denken hüpft hin und her zwischen der Gegenwart (Erholung) und der Zukunft oder Vergangenheit.

Als kleines Hilfsmittel können Sie sich auch einen Block zur Hand nehmen, auf den Sie eine Tabelle mit zwei Spalten zeichnen. Die eine Spalte trägt die Überschrift »On-track« und die andere »Off-track«. Nun können Sie immer ein Kreuzchen machen, wenn Sie bemerken, dass Sie sich gerade total erholen – oder wenn Sie neben die Erholungsspur geraten sind. Dabei gibt es keine Vorgabe, wie viele Kreuzchen Sie mindestens machen müssen, probieren Sie es einfach mal aus und seien Sie neugierig, was dabei herauskommt.

Nun ist mir bewusst, dass Sie nicht bei jeder Erholungsaktivität Ihren Block zücken können. Zu Hause auf der Couch geht das natürlich prima, aber wenn Sie zum Beispiel spazieren gehen, können Sie auch eine sogenannte Mala benutzen – eine buddhistische Gebetskette mit hundertacht Perlen. Sie können diese einfach in der Jackentasche haben und immer wenn Sie sich an Ihre Erholung erinnern, wandern Sie eine Perle weiter. Versuchen Sie mal im Verlauf eines Spaziergangs die ganze Kette entlangzuwandern. Falls Sie es nicht so mit buddhistischen Gebetsketten haben, gibt es auch elektrische Handzähler. Immer wenn Sie auf ein kleines Knöpfchen drücken, zählt dieses Ding weiter, und am Ende wissen Sie, wie viele bewusste Erholungsmomente Sie gesammelt haben.

Sie ahnen es: Mithilfe dieser Methode werden Sie es viel schneller bemerken, wenn Sie »off-track« sind, und das wiederum hilft Ihnen, Ihre »on-track-Zeit« zu maximieren.

Diese Übung ist gewissermaßen auch eine Vorübung, denn sie lässt Sie wissen, wann Kognitive Defusion angebracht ist: Nämlich wenn es Ihnen sehr schwerfällt, wieder »on-track« zu kommen. Was könnten Sie also tun, um sich von den Gedanken zu lösen, die Sie »off-track« ziehen?

2. Franky

Im Allgemeinen stellen wir uns wohl kaum die Frage, wer da eigentlich mit uns spricht, wenn wir unseren Gedanken zuhören. Es scheint fast so, als sei »sich Gedanken machen« und »Gedanken wahrnehmen« ein einziger Prozess. Um es sich in Ihrem Kopf so richtig gemütlich machen zu können, auch wenn Sie viel um die Ohren haben, müssen Sie diese beiden Vorgänge jedoch getrennt erkennen lernen. Das kann ganz einfach gelingen, indem Sie dem Erzeuger Ihrer Gedanken einen Namen geben. Nennen Sie ihn von mir aus Franky. Ich weiß, das klingt albern, aber spüren Sie mal den Unterschied: Reden Sie sich bitte für ungefähr eine Minute ein, dass Sie noch irre viel zu tun haben und niemals alles schaffen werden, was Sie sich vorgenommen haben. Denken Sie dabei an möglichst viele verschiedene Lebensbereiche: Wie viele Aufgaben auf der Arbeit noch auf Sie warten, die vielen ungelesenen E-Mails, dann der Haushalt – wann in aller Welt kommen Sie mal wieder dazu, Staub zu wischen? – und Ihre Mutter müssen Sie auch besuchen, ganz zu schweigen von ein bisschen Sport machen, Sie sind ja schon ganz aus der Form geraten. Muskelabbau geht rasant, ich sage es Ihnen. Ergänzen Sie bitte noch Ihre ganz persönlichen Dauerbrenner, indem Sie sich vor Augen führen, was Sie alles noch tun müssten oder sollten.

Und jetzt machen Sie diese Übung bitte noch einmal und identifizieren Sie diesen ganzen Pflichtmonolog als Meinung von Franky. Anfangs könnten Sie sich zum Beispiel denken: »Ach, Franky, da bist du ja wieder«, und dann nehmen Sie seine vielen Aufträge, die eh nie ein Ende nehmen, lediglich zur Kenntnis. In etwa so, als würde ein Fremder auf der Straße plötzlich beginnen, auf Sie einzureden. Ändern Sie ruhig die Stimmfarbe, wenn Franky spricht! Wie wäre es, wenn Sie die innere Stimme ordentlich hoch pitchen und sie klingen lassen wie die von Mickey Mouse oder Pumuckl? Sie sollen keine längeren Dialoge mit dieser Quietschstimme führen oder mit ihr diskutieren, es geht bloß darum, eindeutiger zu bemerken, dass es einen Gedankenstrom in Ihnen gibt und jemanden, der bloß am Ufer sitzt und ihm zusieht. Sie ahnen es: Ich möchte Sie an dieser Stelle dazu ermutigen, sich mit der gelassenen Stille zu verbinden, die das ganze Gerede bloß wahrnimmt.

Falls Ihnen das mit dem Namen und der Stimme zu bunt ist, dann können Sie die Unterscheidung auch mit den Begriffen »denkendes Selbst« und »beobachtendes Selbst« treffen – allerdings kann ein konkreter Name und vor allem eine witzige Stimme sofort etwas Humorvolles beitragen und unsere Stimmung heben, anstatt sie wie gewohnt zu trüben.

Ich nehme an, es hat Sie noch nie jemand gebeten, sich Ihre To-do-Liste von einer Pumuckl-Stimme vortragen zu lassen. Ich gebe zu, das klingt etwas verrückt, ich bitte Sie trotzdem, es einmal auszuprobieren. Wissen Sie warum? Weil es höchstwahrscheinlich bereits ausreicht, um sich von Ihren beschwerenden Gedanken zu distanzieren. Ich hatte es in der Einleitung schon einmal erwähnt: Sie können sich das so vorstellen, als sei diese außergewöhnliche Übung ein Floß, das Sie vom Gedankenstrom zum Ufer befördert. Wenn Sie am Ufer angekommen sind, brauchen Sie das Floß nicht mehr. Ich schlage Ihnen also nicht vor, bis zum Ende Ihres Lebens Pumuckl-Stimmen in Ihrem Kopf zu hören, sondern sich das dahinterliegende Prinzip mittels dieser Übung anzueignen: Es gibt einen Teil von Ihnen, der immer gut erholt am Strand liegt. Und es gibt einen wild gewordenen Pumuckl, genannt Franky, der häufig neben Ihnen über die Promenade flitzt und To-do-Listen durch die Gegend brüllt.

Sie können mit Pumuckl trotzdem nichts anfangen? Dann versuchen Sie es mal mit folgender Übung.

3. Der Geschichtenerzähler

Unser »denkendes Selbst« ist der größte Geschichtenerzähler. Im Grunde ist Ihr ganzes Leben eine Geschichte, die Sie sich selbst erzählen. Wer Sie und die anderen sind, wie die Welt um Sie herum funktioniert, was Sie brauchen, tun müssen, Ihre Ansichten, Erinnerungen, Glaubenssätze, Einstellungen, die ständige Einschätzung, ob etwas »gut« oder »schlecht« und vor allem so ist, wie es Ihrer Meinung nach sein sollte. Das alles ist keine objektive Wirklichkeit, sondern entsteht in Ihrem Kopf und Sie – genauso wie jeder andere – leben danach. Deshalb gibt es Konflikte, Enttäuschungen und letztendlich auch Stress.

Ein Beispiel: Jenni geht im Kopf herum, dass sie es heute nicht geschafft hat, zehn Mails zu beantworten, und das, obwohl sie sogar wieder länger in der Klinik geblieben ist. Sie ist also erst um zwanzig Uhr auf dem Weg nach Hause, doch anstatt sich auf ihre Couch zu freuen und sich gedanklich auf dem Weg zum Strand zu befinden, kann sie nicht umhin, ständig über diese zehn Mails nachzugrübeln. In diesem Fall könnte Jenni Folgendes tun: Immer wenn sie wieder an diese Nachrichten denken muss und an alles, was mit ihnen zusammenhängt – wie belastend das ist, dass sie so spät nach Hause kommt, dass dieser Job sie stresst, dass sie sich ungerecht behandelt fühlt, warum sie sich als Ärztin eigentlich auch noch mit Bürokratie rumschlagen muss –, identifiziert sie diesen gedanklichen Ballast als »Die-zehn-Mails-Geschichte«.

Jetzt werden Sie bestimmt aufschreien und einwenden: Aber es ist doch keine Geschichte! Es ist wahr und echt blöd, wenn ich es nicht schaffe, zehn wichtige Mails zu beantworten! Das mag schon sein. Die einzige Frage, die Sie sich eben stellen müssen, ist: Ist es wichtig, *jetzt* daran zu denken? Wenn Sie das Bedürfnis und den Vorsatz haben, sich nach Feierabend zu erholen, müssen Sie in dieser Zeit Abstand von Ihren Stress-Gedanken nehmen. Genau das können Sie erreichen, indem Sie nicht auf Ihre Gedanken eingehen und vom Hundertsten ins Tausendste geraten, sondern stattdessen bemerken: »Uih, da ist ›Die-zehn-Mails-Geschichte‹ schon wieder!«

Aber es gibt nicht nur diese Geschichte. Es gibt auch die »Ich-schaff-das-mit-dem-Haushalt-eh-nie-Geschichte« oder die »Ich-muss-mehr-Sport-machen-Geschichte« oder die »Morgen-ist-wieder-Montag-Geschichte«.

Allen Gedanken, die während Ihrer Erholungszeit auftauchen und die Sie stressen, können Sie Geschichtennamen geben. Statt sich im Inhalt dieser Geschichten zu verlieren, distanzieren Sie sich damit von Ihnen und machen Platz für Ihre Erholung. Mit Verbissenheit, Wut oder gar Zwang kommen Sie gegen Ihre Gedanken nicht an, versuchen Sie es stattdessen einmal mit dieser spielerischen Methode.

Falls Sie immer wieder in die Falle tappen und es nicht schaffen, Ihre Gedanken als »Geschichten« zu bezeichnen, die Ihr Verstand Ihnen erzählt, erinnern Sie sich bitte: Es geht nicht darum, zu überlegen, ob

Ihre Gedanken wahr oder falsch sind, sondern ob dieser Gedanke *jetzt hilfreich* ist.

Allerdings kann es auch sein, dass Sie Gedanken haben, die in Ihrem Kopf Kreise ziehen und die Sie stressen, obwohl Sie eigentlich wissen, dass diese definitiv *nicht* stimmen. Ich mache mir in letzter Zeit gern einen Witz daraus und nenne diese Gedanken »Fake News«. Die Kognitive Defusion folgt auf dem Fuß. Beispiele für Fake News sind vor allem Selbstzweifel und all das, was man auch als die »Ich-bin-nicht-gut-genug-Geschichte« bezeichnen könnte:

»Ich bin eine schlechte Mutter.«

»Ich habe es beruflich zu nichts gebracht.«

»Ich werde nie Zeit für irgendetwas haben.«

»Diese ganze Erholungssache gelingt mir doch eh nicht.«

»Ich kann das nicht.«

Dazu sage ich entschieden: Fake News! Tun Sie gerne dasselbe, und zwar spätestens dann, wenn diese Gedanken in Ihnen Unbehagen verursachen.

4. Danke

Kommen wir zu einem wichtigen Punkt: Sie können die hier vorgestellten Übungen natürlich kombinieren und munter von einer zur anderen wechseln. Es gibt keine Regeln. Alles, was für Sie funktioniert, ist perfekt. Die folgende Technik lässt sich zum Beispiel wunderbar mit der On-track-off-track-Übung verbinden. Sie könnte Ihnen liegen, wenn Sie die vorhergehenden Vorschläge nicht sonderlich angesprochen haben, weil Sie dazu tendieren, Ihre Gedanken sehr ernst zu nehmen – selbst wenn diese Ihnen im Augenblick gar nichts nutzen – und sich das von mir auch nicht ausreden lassen wollen.

Angenommen, Heike hat festgestellt, dass ihre Gedanken während der Yogastunde nicht bei ihrem Atem und ihren Bewegungen ruhen, sondern ihr durch den Kopf geht: »Mensch, dieses ganze Ayurveda-Zeug, wie soll ich das nur alles umsetzen?«

Da Heike die On-track-off-track-Methode einsetzt, ist ihr nächster Gedanke: »Huch! Off-track!« Um schnellstmöglich zu ihrer Erholung zurückzukehren, könnte sie ihrem eigenen Denkorgan kurz sagen: »Danke für diesen Hinweis, aber ich erhole mich gerade.« Das ist eine sehr wertschätzende Art und Weise, mit gedanklichen Ablenkungen umzugehen und wenn Sie weder etwas von Pumuckl noch von Geschichten oder Fake News halten, genau das Richtige für Sie.

Unser Verstand meint es ja nicht böse mit uns. Er ist nur pausenlos am Planen, Erinnern und Sichsorgen, um unser Leben zu optimieren. Das ist an sich ja sehr hilfreich – nur eben nicht in jeder Situation. Sich beim eigenen Verstand zu bedanken, ist ein sehr wirkungsvolles Mittel, um ihn zur Ruhe zu bringen.

Aber Achtung: Heike muss ihrem »denkenden Selbst« während ihrer Yogastunde noch etliche Male »Danke, aber jetzt erhole ich mich gerade« sagen. Diese Übung erfordert also Geduld und man muss aufpassen, dass man sich nicht doch in Diskussionen mit sich selbst verstrickt – warum es beispielsweise nötig ist, vielleicht doch ein klitzekleines bisschen an die Vorbereitungen für die Ayurvedakur zu denken oder Ähnliches. Bleiben Sie in diesem Fall behutsam, aber bestimmt.

5. Gedankenradio

Der Psychologe und Psychotherapieforscher Steven C. Hayes hat mir ein wunderbares Aha-Erlebnis beschert, indem er ein Buch mit dem Titel »In Abstand zur inneren Wortmaschine« geschrieben hat. Der Begriff »Wortmaschine« war so einprägsam für mich, dass er in mir sofortige Kognitive Defusion auslöste. Denken Sie mal darüber nach: Entspringt nicht all unser Leiden letztendlich daraus, dass wir eine differenzierte Sprache haben?

Wir bewundern Babys oder Kleinkinder dafür, dass sie ständig im Hier und Jetzt sind, was daran liegt, dass sie sich noch keine sprachlichen Gedanken machen können. Natürlich fühlen sie seelischen und körperlichen Schmerz und drücken ihn mittels Weinen oder Schreien aus, aber sie können sich nicht sorgen oder hadern, gedanklich in der Vergangenheit oder Zukunft stecken bleiben, so wie wir es dauernd ganz automatisch tun.

Ich kann mich noch sehr genau daran erinnern, wie ich eines Tages mit meinem Sohn im Auto fuhr, er war damals knapp zwei Jahre alt, er aus dem Fenster sah und plötzlich Tränen in den Augen hatte. Ich sah das im Rückspiegel und fragte ihn, was los sei, worauf er antwortete, er wolle nicht dorthin fahren, wohin wir unterwegs waren. Es war das erste Mal, dass ihn sein eigenes Denken traurig machte, ohne dass es in *diesem* Moment einen akuten Anlass dazu gab. Er stellte sich einfach vor, wie es ist, jetzt an unserem Zielort zu sein, und das mochte er nicht.

Ein weiteres Beispiel: Wenn Nadja mit ihren drei Kindern zum Kinderarzt fährt, wehren sich die beiden Großen mit Händen und Füßen dagegen und machen einen riesigen Aufstand, während das Baby sich ohne Weiteres einpacken lässt und *erst* mit der Jammerei beginnt, wenn ihm etwas wirklich nicht passt – wenn ihm kalt ist, weil Nadja es ausziehen muss, eine Spritze Schmerzen verursacht oder ihm ein Holzstäbchen in den Mund gehalten wird. Das mag logisch erscheinen, denn das Baby ist das einzige Kind, das mit dem Wort »Kinderarzt« noch nichts anfangen kann.

Aber wenn Sie das auf Ihr eigenes Leben übertragen, ist es bemerkenswert: Die meiste Zeit existieren alle Ihre Probleme nur als Buchstabenkombinationen in Ihrem Kopf. Die Gegenwart ist sehr selten schrecklich.

Der Punkt, an dem wir davon sprechen, dass der »Ernst des Lebens« beginnt, ist also der, an dem unser Sprachverständnis und unsere Sprachfähigkeit so weit ausgereift sind, dass sie uns stellvertretend für tatsächliche Ereignisse Probleme bereiten können. Wenn wir dann auch noch dem Satz »Ich denke, also bin ich« trauen und glauben, wir *seien* nur das, was da sprachlich in uns vorgeht, nimmt das Leiden unweigerlich seinen Lauf.

Verstehen Sie mich nicht falsch: Ich bin die Letzte, die dafür plädiert, dass wir unsere wunderschöne Sprache verteufeln sollten. Aber wir müssen ihre Auswirkungen kennen, lernen, besser mit diesen umzugehen und sie nicht zum Selbstläufer werden zu lassen. *Wir* erzeugen die Sprache und nicht umgekehrt – andernfalls ergeht es uns wie dem hilflosen Zauberlehrling in Goethes Gedicht, der die Geister, die er rief, schließlich nicht mehr loswurde. Sie sind der Chef und Meister in Ihrem eigenen Kopf und mittels Kognitiver Defusion können Sie sich diese Stellung zurückerobern oder besser gesagt: entdecken, dass Sie diese Position immer innehatten, ohne es zu wissen.

Steven C. Hayes ist übrigens der Begründer der Akzeptanz- und Commitmenttherapie, einer modernen Therapieform, der es sogar gelingt, Menschen mit Psychosen dabei zu unterstützen, weniger zu leiden – das ist phänomenal, wenn man bedenkt, wie sehr die Betroffenen auf Medikamente mit erheblichen Nebenwirkungen angewiesen sind, um die quälenden Symptome zu unterdrücken. Ich sagte es ja bereits: Kognitive Defusion ebnet Ihnen nicht bloß den Weg zur Erholung, sondern trägt auch zu Ihrer allgemeinen psychischen Gesundheit bei.

Nach dieser langen Vorrede nun zu unserer eigentlichen Übung: Stellen Sie sich mal vor, Ihre Gedanken, die während Ihrer Erholungszeit auftauchen und die Sie für nicht erholungsfördernd halten, tönen aus einem Radio. Sie müssen und können sie nicht kontrollieren, sie sind einfach da, Sie hören sie, aber lassen sie bloß im Hintergrund laufen. Was immer eine »Wortmaschine« ist, ich stelle sie mir genauso vor: ein Gerät, das pausenlos brabbelt. Ihr Verstand produziert Wörter, Sätze, ganze Geschichten, aber anstatt auf sie einzugehen, werden Sie sich bitte der Tatsache bewusst, dass all diese sprachlichen Phänomene bloß Zusammensetzungen sind und auf einem System beruhen, das wiederum rein geistiger Natur ist. Das Alphabet existiert nicht in der Natur, in der äußeren Realität, es hat sich jemand ausgedacht. Und Sie müssen sich keinesfalls Ihre Erholung zunichtemachen lassen, weil Ihr Verstand Buchstaben aneinanderreiht und Sie diese – wie von einem inneren Radio verbreitet – ständig hören.

Diese Übung ist so grandios, weil sie uns außerdem ermöglicht, der »Wortmaschine« jederzeit unsere Aufmerksamkeit zu schenken, wenn sie zwischen den ganzen Befürchtungen und dem To-do-Listen-Gerede plötzlich sagt: »Übrigens, Oma hat morgen Geburtstag.« Gut – diesen kleinen Hinweis können Sie dann ernst nehmen und sich eine Erinnerung ins Handy tippen, um pünktlich zu gratulieren. Danach schalten Sie einfach wieder auf »Gedankenradio«.

6. »Jingle Bells«

Meine absolute Lieblingsübung aus der Akzeptanz- und Commitmenttherapie habe ich bis zum Schluss aufgehoben, sie ist ganz leicht und extrem effektiv. Wenn Sie während der Erholungszeit Gedanken haben, die Ihre Regeneration zunichtemachen, dann singen Sie diese Gedanken in Ihrem Kopf zur Melodie von »Jingle Bells«. Die Sätze müssen sich dafür nicht reimen, wahrscheinlich werden Sie ohnehin nur einige Zeilen aneinanderreihen und dann finden Sie die Sache so witzig, dass Sie ganz und gar den Faden verlieren. Das ist gut. Das ist der *Sinn* der Sache. Verlieren Sie den Bezug zu dem, was Sie stresst, und Sie sind genau dort angekommen, wo Sie hinwollten.

Gedanklicher Abstand – Part Two

Nadja steht vollkommen fertig in der Küche. Es ist zehn Uhr abends, die Kinder schlafen endlich und ihr Mann ist beim Vorlesen gleich mit eingepennt. Das würde sie auch gerne tun, aber Nadja muss noch vierzig Geburtstags-Muffins für die Kita backen, sie hat es ihrem Sohn versprochen – warum hatte sie die bloß nicht im Supermarkt besorgt? Morgen hat so früh noch nichts geöffnet und ob der Bäcker so viele Muffins vorrätig hat? Ihren Mann zu wecken, bringt sie nicht übers Herz, so laut, wie der schnarcht, hat er die Ruhepause noch dringender nötig als sie. Da hilft alles nichts. Nadja krempelt die Ärmel hoch, macht sich flotte Musik an und beginnt Butter und Schokolade zu schmelzen, Mehl und Zucker abzuwiegen, Teig zu kneten, die Förmchen auszupacken, den Ofen vorzuheizen und dann das Ganze noch einmal von vorne, schließlich müssen es zwei Bleche sein. Nadja arbeitet im Akkord. Während die Muffins im Ofen backen, räumt sie den Geschirrspüler ein und aus, wischt die Flächen ab, bugsiert alle Utensilien zurück in die Schränke und dann – während sich bereits leckerer Kuchenduft in der Küche verbreitet – lehnt sie sich selig seufzend an den Kühlschrank und kratzt in aller Ruhe die Teigschüssel aus. Nadja ärgert sich nicht mehr, sie fühlt sich auch nicht genervt oder erschöpft, ganz im Gegenteil, es ist fast so, als hätte sie durch ihren nächtlichen Backeinsatz neue Kraft getankt – sie kann guter Stimmung ins Bett gehen und sogar noch etwas lesen. Wie ist das möglich?

Während Nadja gebacken hat, hat sie keinen Gedanken an Kognitive Defusion verschwendet, sie hat *überhaupt nicht* bewusst gedacht. Sie hatte weder auf dem Schirm, wie spät es ist, noch wie ätzend sie diese Muffin-Aktion findet, was das für ein Wahnsinn ist, jetzt noch mit so etwas zu beginnen, und dass ihr die Energie dazu ganz und gar fehlt. Die Kraft war plötzlich *da*, sobald sie mitten im Tun steckte. Fast so, als würde sie durch diese Aktivität überhaupt erst erzeugt werden.

Kennen Sie das? Es gibt Tätigkeiten – Sport treiben, aufräumen, Filme schauen, meditieren, nähen, kochen, schreiben, Sex haben, zeichnen –, da vergessen wir ganz und gar, wer wir sind, wo wir sind, wie viel Zeit vergeht, wir vergessen unsere Sorgen, unseren Stress, To-do-Listen und sind ganz und gar erholt, obwohl wir etwas machen, das vielleicht sogar sehr anstrengend ist. Dieses Prinzip hat einen Namen, den Sie garantiert schon kennen.

Flow

Spätestens seit Mihály Csíkszentmihályi – der Mann mit dem unaussprechlichen Namen – im Jahr 1990 sein Buch *Flow – Das Geheimnis des Glücks* veröffentlicht hat, ist dieser Begriff jedem schon einmal begegnet. Flow ist nach Csíkszentmihályi der Zustand eines positiven Rausches, der dadurch hervorgerufen wird, dass wir vollkommen in einer Tätigkeit aufgehen. Dabei darf das, was wir tun, nicht zu leicht und nicht zu schwer sein, denn Flow entsteht durch Konzentration. Wir müssen daher eine Aufgabe haben, die einerseits unseren Ehrgeiz weckt, die uns aber andererseits nicht die Nerven verlieren lässt. Im Flow sind wir, wenn wir so fokussiert auf etwas sind, dass wir mit dieser Aktivität – die auch rein geistiger Natur sein kann, wie etwa das Lösen eines Rätsels – regelrecht verschmelzen. Der Begriff »verschmelzen« macht Sie wahrscheinlich hellhörig, weil Sie ihn aus den vorherigen Abschnitten kennen, als es um Kognitive Defusion ging. Genauso wie Kognitive Defusion ist auch der Flow eine Technik, mit der wir gedanklich Abstand nehmen können, weil wir bei einer Flow-Tätigkeit aufhören, mit unseren Gedanken zu verschmelzen, und stattdessen mit der Aktivität eins werden. Wir sind so konzentriert, dass sich unser Kopf nicht zeitgleich damit beschäftigen kann, dass morgen das Meeting mit einem schwierigen Kunden ansteht, dass wir es heute nicht mehr geschafft haben, unseren Laptop zur Reparatur zu bringen, dass wir »nebenbei« mitten in einer schwierigen Scheidung stecken und das pubertierende Verhalten unserer Tochter uns wirklich auf eine Geduldsprobe stellt. Für einen gewissen – wunderbaren – Zeitraum sind wir sorgenfrei und ohne Pflichten. Flow-Erlebnisse bringen uns durch gedankliches Abstandnehmen Erholung, wir tanken durch diesen »positiven Rausch« neue Kraft. So viel zur oberflächlichen Betrachtung des Ganzen, ich möchte mit Ihnen aber noch etwas tiefer vordringen.

I got the power

Fragen Sie sich bitte einmal: Woher kommt denn diese Kraft, die Sie tanken, wenn Sie in den Flow geraten? In unserem Beispiel war Nadja doch schon vollkommen am Ende, *bevor* sie mit der Backerei anfing, wie kann sie sich am Ende des Ganzen frisch und erfüllt fühlen? Haben die Schokoladendämpfe etwas damit zu tun?

Da wir keine Autos sind, die die benötigte Power ganz einfach aus der Zapfsäule kriegen können, lautet die einzig mögliche Antwort: Diese Kraft stammt aus

Ihnen selbst. Durch den Flow-Zustand wird sie bloß gewissermaßen freigelegt und Sie haben wieder Zugriff darauf, der Ihnen vorher durch all die Belastungen, die Ihnen durch den Kopf gingen, verwehrt war. Es lässt sich also derselbe Schluss ziehen wie im Zusammenhang mit Kognitiver Defusion: Ihr nicht gestresstes, ständig erholtes Selbst ist immer vorhanden – es liegt hinter, unter, über und zwischen Ihren ständigen Gedanken.

Die Flow-Expertin und Autorin Su Busson drückt es so aus: Flow ist unsere Werkseinstellung, unser natürlicher Seins-Zustand. Wir sind nonstop im Flow, nur mangelt es uns an Techniken, uns mit dieser Basis zu verbinden. Die Stressgedanken, die To-do-Liste, der Pflichtkatalog, all das, was wir geistig immer wieder durchspulen, hindert uns daran, das zu bemerken und in diesem Zustand zu leben. Unser denkendes Selbst schiebt sich gewissermaßen vor unsere innere Kraftquelle wie Wolken vor die Sonne. Sehr poetisch.

Doch lassen Sie uns noch einmal wissenschaftlich werden, um diesen Vorgang genauer zu verstehen. Das Stichwort lautet: Selektive Aufmerksamkeit. Aufgrund einer Hirnregion, die sich »retikuläres Aktivierungssystem« nennt, sind Sie dazu fähig, sich auf bestimmte Reize, zum Beispiel ein Computerspiel, zu konzentrieren, ohne dass Sie überhaupt bemerken, dass es an der Haustür klingelt. Übertragen auf unser Erholungsthema bedeutet das: Sie können noch hundert ungelesene Mails, eine ungeputzte Wohnung samt leerem Kühlschrank und einen schwelenden

Partnerschaftskonflikt »offen« haben und *trotzdem* Ihren Feierabend genießen, wenn Sie es schaffen, eine Tätigkeit zu finden, die Ihre Aufmerksamkeit genügend in Beschlag nimmt. Ist das der Fall, können Sie sich nämlich nicht mehr gleichzeitig auf Ihre Gedanken an all das konzentrieren, was Ihre gute Stimmung, Ihr kraftvolles Dasein, Ihren permanenten Flow trüben könnte.

Ihre neue Flowpraxis

Eventuell haben Sie sich beim Lesen schon folgende Frage gestellt: Muss ich wirklich jeden Tag spätabends vierzig Muffins backen, um erholt zu sein? Ja. Das müssen Sie. Allerdings nur, wenn Sie vorhaben, ein schnuckeliges Café zu eröffnen. Ansonsten gibt es zahlreiche andere Möglichkeiten, um in den Flow zu geraten. Genau genommen ist *jede* Tätigkeit dazu geeignet, Ihren natürlichen Fluss wiederzuentdecken, und es kommt ganz auf Sie selbst an, welche Sie auswählen. Nach Csíkszentmihályi müssen Flow-Aktivitäten folgende – theoretischen – Merkmale haben:

1. Flow gelingt am besten, wenn das, was Sie tun, weder langweilig noch überfordernd ist.
2. Es gibt ein klar erreichbares Ziel, wie im Falle von Nadja, die auf genau vierzig Muffins hinarbeitet.

3. Sie können selbst feststellen, ob Sie dieses Ziel erreichen, und haben auch das Gefühl, den Ausgang Ihrer Tätigkeit unter Kontrolle zu haben.
4. Die Zeit verfliegt beim Tun, auch Hunger oder Müdigkeit nehmen Sie gar nicht mehr wahr.
5. Das Tun selbst ist Ihnen Belohnung genug, Sie brauchen also niemanden, der Ihnen hinterher auf die Schulter klopft.

Nach diesen Überlegungen wird es spannend: Welche Aktivitäten erfüllen denn für Sie diese Kriterien? Oder anders gefragt: Was haben Sie genau getan, als Sie das letzte Mal so richtig im Flow waren? Studien zeigen, dass es uns besonders gut gelingt, in den Flow zu kommen, wenn wir ganz klar nachspüren können, wie sich Flow für uns anfühlt. Ich möchte Sie daher bitten, sich einmal aufzuschreiben, in welcher Aktivität Sie das letzte Mal richtig versunken waren und sich dabei gleichzeitig gefühlt haben, als ob Sie Bäume ausreißen könnten. Beschreiben Sie, was Sie gemacht haben, die Umstände, Ihre Gefühle, Gedanken und körperlichen Empfindungen dabei. Das könnte sich ungefähr so anhören:

»Als ich das letzte Mal ein Gedicht geschrieben habe, konnte ich gar nicht mehr damit aufhören. Es war nicht so, dass ich es unbedingt schnell fertig kriegen wollte, sondern daran weiterzuarbeiten, löste eine regelrechte Euphorie in mir aus. Ich feilte immer intensiver, dachte zwischendurch zwar mal daran, dass ich eigentlich abendessen sollte, aber

ich konnte mich einfach nicht losreißen. Ich las mir immer wieder durch, was ich geschrieben hatte, und da – schon wieder ein neuer Einfall! Ein großartiges Gefühl. Ich hatte nicht einmal vor, dieses Gedicht jemals jemandem zu zeigen, ich wollte es einfach zu Papier bringen. Als ich das Gefühl hatte, fertig zu sein, waren knapp drei Stunden vergangen, ich war ausgehungert, meine Beine waren eingeschlafen und ich hatte mehrere unbeantwortete Anrufe auf meinem Telefon, die hatte ich gar nicht gehört. Es war mir total egal. Ich fühlte mich einfach wundervoll und energiegeladen.«

Bestimmt schießt Ihnen die eine oder andere Sache durch den Kopf, bei der es Ihnen ganz ähnlich erging. Relativieren Sie Ihre Einfälle nicht, auch wenn vielleicht nicht alle der obigen Kriterien erfüllt sind – es ist Ihr Flow-Gefühl und nicht meines oder das von Mihály Csíkszentmihályi. Und falls Sie immer noch ratlos vor dem leeren Blatt Papier sitzen und nicht wissen, was Sie aufschreiben sollen, möchte ich einige Aktivitäten nennen, die Sie in Ihrer Erinnerung auf ein mögliches Flow-Empfinden abklopfen können.

Denken Sie also bitte mal daran, wann Sie das letzte Mal …

… eine intensive Unterhaltung oder Diskussion mit jemandem führten,
… Sport trieben,
… Musik hörten.

… kreativ waren: Schreiben, Basteln, Zeichnen, Singen, Songtexte schreiben, Beats bauen, Nähen.
… kochten oder backten,
… ein spannendes Buch lasen,
… die Wohnung putzten,
… im Internet surften, etwas recherchierten, vielleicht sogar den nächsten Urlaub o. Ä. planten,
… einen guten Film sahen,
… ein Computerspiel spielten,
… mit jemandem ein Brett- oder Kartenspiel spielten,
… tanzten,
… für etwas lernten oder eine Prüfung schrieben,
… an etwas (Auto, Fahrrad, Elektrogerät) tüftelten,
… Kleidung anprobierten oder eine ganze Shoppingtour machten.

Falls Sie sich immer noch verwirrt am Kopf kratzen und der Meinung sind, dass Sie noch nie im Flow waren, widmen Sie sich bitte der Reihe nach den aufgelisteten Tätigkeiten und Sie werden Ihr blaues Flow-Wunder erleben. Viel wahrscheinlicher ist jedoch, dass Sie sagen: Ach ja, stimmt, da habe ich so richtig die Zeit und meine Probleme vergessen.

Die Empfehlung ist nun denkbar einfach: Wenn Sie wissen, was Sie in den Flow bringt, integrieren Sie diese Tätigkeit in Ihre Erholungszeit, und es wird sich anfühlen, als würden Sie sich an ein Stromkabel anschließen. Auf zwei mögliche Hindernisse möchte ich dabei jedoch noch eingehen.

Flow-Probleme

Nadja erinnert sich noch gerne an ihre letzte nächtliche Back-Session und das angenehme Gefühl dabei. Als der Geburtstag Ihres Mannes vor der Tür steht, beschließt sie, wieder zur Schlafenszeit eine Torte zu backen. Sie beginnt sich das Rezept durchzulesen, ist aber zunehmend genervt, weil die Arbeitsschritte so kompliziert erscheinen. Es gelingt ihr auch nicht, den Tortenboden mithilfe eines Fadens zu teilen, wütend pfeffert sie das ganze Ding schließlich in den Müll – von Flow keine Spur und die Überraschungstorte kann sie nun auch knicken.

Tja, solche Situationen kennt wohl jeder von uns! Um ein Beispiel aus meinem Alltag zu nennen: Für gewöhnlich komme ich beim Schreiben sofort in den Flow, aber es gibt Tage, da fließt so gar nichts! Weder meine Energie noch die Worte, und mein schöner »innerer Fluss« erinnert mehr an einen zementierten Staudamm.

Wenn Sie bemerken, dass Ihr Versuch, in Kontakt mit Ihrem Flow zu kommen, stockt und schließlich scheitert, gibt es keine sicherere Methode, sich noch mehr Stress zu erzeugen, als krampfhaft am Ball zu bleiben. Das ist das Problem mit dem Flow. Er muss sich ganz natürlich ergeben, denn er mag sich zwar so anfühlen wie ein Stromnetz, an das Sie sich andocken können, aber so mechanisch ist es eben nicht. Das Ganze geschieht subtil in Ihrem Innern. Hören Sie auf, wenn Sie merken, dass die Sache zu kippen droht,

Ihnen die Tätigkeit vielleicht doch zu anstrengend oder zu langweilig wird. Sollte Sie das frustrieren und verärgern, wechseln Sie zu »herkömmlicher« Kognitiver Defusion, beobachten Sie diese unangenehmen Gedanken und Gefühle und nehmen Sie auf diese Art und Weise Abstand.

Das zweite Problem ist: Wie gerne würden Sie mal wieder eine Shoppingtour machen oder tanzen gehen! Aber Ihre familiären Verpflichtungen oder Ihre finanzielle Lage lässt es nicht zu, Ihre »typischen« Flow-Aktivitäten sind aufgrund äußerer Umstände zurzeit einfach nicht möglich! Es gibt solche Phasen, und das kann sehr, sehr frustrierend sein. Und falls sich dann doch mal ein Zeitfenster oder ein Notgroschen auftut, dann soll es gleich klappen mit dem Flow und dieser Druck lässt Sie wahrscheinlich direkt zu dem ersten erwähnten Problem wechseln. Wie können Sie die Situation lösen?

Versuchen Sie, die gewünschten Flow-Tätigkeiten zu modifizieren. Es muss nicht immer die große Shoppingsause oder der Tanzkurs im Studio sein – ist es möglich, in einem kleineren Rahmen in den Flow zu kommen? Es gibt den Begriff der Mikroflow-Aktivitäten, die Ihnen nicht den ganz großen Rausch bescheren, aber dennoch für Erholung vom Alltagsstress sorgen. Beispiele hierfür sind:

- Machen Sie ein oder zwei Sonnengrüße zu Hause, anstatt das Yogastudio zu besuchen.
- Probieren Sie Kleidung an, ohne sie zu kaufen.

Mein Vater hat mal einen komplett gefüllten Ikea-Einkaufswagen in der Fundgrube stehen lassen und ist mit leeren Händen, aber sehr fröhlich nach Hause gefahren – machen Sie das natürlich nicht nach, sondern denken Sie an das Leidwesen der Verkäufer und sortieren die Sachen bitte selbst wieder weg, bevor Sie gehen.

- Suchen Sie sich Aktivitäten mit Ihren Kindern, die nicht nur für die Kleinen schön sind und Flow verursachen, sondern auch für Sie.
  Mit Kindern besteht oft die Gefahr, dass wir uns langweilen, denn was für die Fünfjährige schwierig und spannend ist, lässt Sie wahrscheinlich bloß müde gähnen. Um in den Flow zu geraten, brauchen Sie aber ein gewisses Maß an Forderung: Basteln Sie also etwas Anspruchsvolles und haben gleichzeitig eine »Kinderversion« parat, lesen Sie ein neues Buch zusammen, das auch Sie gut finden, versuchen Sie sich auf Kinderspiele einzulassen, als wären Sie selbst wieder Kind: Entwickeln Sie spaßeshalber Ehrgeiz beim Bauen einer Sandburg, Schießen eines Tores oder Ausmalen eines Mandalas. Schaukeln Sie und versuchen Sie es doch auch mal, ganz nach oben auf die Kletterspinne zu kommen – Sie werden erstaunt sein, wie erholt Sie sich danach fühlen. Erlauben Sie sich in diesen Tätigkeiten zu versinken, auch wenn es »um nichts« geht und Sie vielleicht nur in den Mikroflow kommen.
- Konzentrieren Sie sich voll und ganz auf das, was

Sie gerade tun – auch wenn es nicht das ist, womit Sie normalerweise Flow spüren.

- Backen Sie keine aufwendige Torte, sondern begnügen Sie sich mit einem einfachen Rezept, das Zeit spart und den Geldbeutel schont.
- Vorfreude ist die schönste Freude: Auch wenn Ihre Zeit gerade nicht reicht, um einen ganzen Film zu sehen oder in einem Buch zu lesen, suchen Sie sich schon mal einen tollen Film oder ein Buch heraus und freuen sich darauf.
- Machen Sie zwischen Ihren Pflichten eine kurze Flow-Pause: Hören Sie Ihr Lieblingslied und tanzen Sie dazu.
- Wenn Sie gerne schreiben: Es muss nicht immer das komplett ausformulierte Kapitel sein, auch ein paar knackige Stichpunkte können Mikroflow verursachen.
- Keine Zeit oder Ruhe für eine halbstündige Meditation? Nehmen Sie ein paar tiefe Atemzüge, auf die Sie sich voll und ganz konzentrieren.
- Statt Urlaub in der Toskana zu machen, gehen Sie einfach zu Ihrem Lieblingsitaliener – na gut, das hat zwar nichts mit Flow-Erleben zu tun, aber Pizza im Sinne der Erholung ist immer eine gute Idee.

Ich bin mir sicher, dass es Ihnen gelingt, weitere »abgeschwächte« Versionen Ihrer Flow-Aktivitäten zu erfinden, die Sie umsetzen können, wenn die äußeren Umstände nicht mehr hergeben. Diese Mikroflow-

Tätigkeiten haben sogar den Vorteil, dass Sie sie häufiger in den Alltag integrieren können, nicht bloß in die längeren Erholungszeiten. Hören und grölen Sie Ihren Lieblingssong im Auto auf dem Weg zur Arbeit, suchen Sie sich während Ihrer Mittagspause schon mal einen schönen Film für abends raus und nehmen Sie ein paar tiefe Atemzüge, wenn Sie hinter der Kasse stehen und gerade kein Kunde bezahlen möchte.

Kognitive Defusion oder Flow – das ist hier die Frage!

Sich in den Flow zu bringen und Kognitive Defusion haben genau das gleiche Ziel: gedanklichen Abstand zu schaffen. Sie funktionieren beide durch den Mechanismus der Konzentration. Bei der Kognitiven Defusion fokussieren wir uns auf unser »beobachtendes Selbst« anstatt auf unsere Gedanken und erleben dadurch Erholung, beim Flow-Zustand schenken wir einer Tätigkeit unsere volle Aufmerksamkeit, wodurch wir ebenso von unseren Gedanken Abstand nehmen und uns erholen. Aber wo liegt denn jetzt der Unterschied? Für welche der beiden Möglichkeiten sollten Sie sich entscheiden, um gedanklich Abstand zu nehmen?

Das kann ich Ihnen natürlich nicht vorschreiben, ich möchte Ihnen aber die Vor- und Nachteile beider Verfahren erläutern, damit Sie sich besser entscheiden können. Ganz unkonventionell beginne ich dabei mal mit den Kontra-Punkten.

Kognitive Defusion hat nämlich den Nachteil, dass sie viel subtiler funktioniert als Flow. Es ist durchaus möglich, bei der Kognitiven Defusion in einen Rauschzustand zu geraten, zum Beispiel bei der Meditation, wenn Sie sich sehr intensiv in Ihr beobachtendes Selbst »versenken«. Aber häufig ist das auch nicht der Fall und Sie springen mit Ihrer Aufmerksamkeit ständig hin und her zwischen Gedanken und der Stille zwischen Ihren Gedanken oder nehmen sogar permanent beides gleichzeitig wahr.

Flow hat wiederum den Nachteil, dass Sie zwar in einen positiven Rausch geraten, jedoch eine Art böses Erwachen folgen kann, sobald Sie mit der Flow-Tätigkeit aufhören. Wenn Ihnen nämlich auf einmal wieder einfällt, was Sie alles erledigen müssen oder was Sie belastet, und es Sie förmlich erschlägt. Natürlich kommt das auch darauf an, ob Ihr Arbeitspensum gerade erschlagend ist oder nicht und wie groß Ihre anderweitigen Belastungen sind. Sie kennen das bestimmt: Gerade saßen Sie im Kino, vollkommen eingenommen von dem spannenden Psychothriller, und dann kommen Sie raus ans Tageslicht und bemerken: Caroline und ich sind immer noch getrennt, oder: Manno, morgen muss ich arbeiten.

Flow hat außerdem den Nachteil, dass wir eine Tätigkeit finden müssen, die uns zuverlässig in den Flow-Zustand gleiten lässt. Ich hatte es schon erwähnt: Das ist manchmal nicht leicht.

Eine ähnliche Schwierigkeit besteht jedoch auch bei der Kognitiven Defusion, denn mitunter will die Identifikation mit dem beobachtenden Selbst einfach nicht gelingen. Dann sitzt man da, vollkommen belagert von Stressgedanken, und fragt sich: Hallo, wo bist du denn nun, innere Ruhe?

Beide Mechanismen erfordern ein gewisses Maß an Geduld und brauchen Zeit, bis sie sich festigen und Sie diese gut beherrschen.

Ein entscheidender Vorteil Kognitiver Defusion ist jedoch: Wenn wir eine stabile Verbindung zu unserem »beobachtenden Selbst« aufgebaut haben, wird uns das nicht nur in Bezug auf die Erholung enormen Nutzen bringen, sondern auch im restlichen Alltag. Durch die Praxis Kognitiver Defusion werden wir nämlich auch in stressigen Situationen leichter einen kühlen Kopf bewahren und besonnener reagieren können. Das liegt daran, dass wir durch Kognitive Defusion zu einer neuen Selbsterkenntnis gelangen: Wir sind viel mehr als das, was wir bisher – im wahrsten Sinne des Wortes – dachten.

Zu dieser Erkenntnis können wir natürlich auch durch Flow-Erlebnisse gelangen, aber nur, wenn wir den Flow als Türöffner zu unserer Kraftquelle ansehen. Wenn wir also letztendlich nicht die Flow-Tätigkeit für unseren positiven Rausch verantwortlich machen, sondern uns selbst. Der klare Vorteil des Flows ist dabei: Er fühlt sich einfach enorm gut an und es ist absolut erlaubt, sich Flow-Zuständen hinzugeben.

Ich muss gestehen, dass ich in meiner Erholungszeit

lieber auf die Kognitive Defusion zurückgreife. Zum einen, weil ich durch das Schreiben beruflich ohnehin sehr oft im Flow bin, zum anderen, weil mir Kognitive Defusion erlaubt, meine Ängste, Sorgen und Befürchtungen besser kennenzulernen. Im Flow-Rausch werden diese Gedanken regelrecht ausgeblendet, während ich sie mir bei der Kognitiven Defusion in Ruhe anschauen kann. Ich finde das sehr lohnenswert für meine Selbsterkenntnis, aber es ist auch vollkommen in Ordnung, wenn Ihnen das zu viel ist oder Sie kein Interesse an dieser Art der Selbstbeobachtung haben.

Fakt ist: Sie werden an beiden Ansätzen nicht vorbeikommen, wenn Sie während Ihrer Erholungszeit gedanklichen Abstand vom Stress nehmen möchten. Bleiben Sie flexibel, machen Sie es auch von bestehenden Angeboten abhängig: ein Kartenspielabend bei Freunden? Na klar, hallo Flow! Ein langer Spaziergang, weil das Wetter so schön ist? Super, Zeit für Kognitive Defusion!

Fazit zum ersten Baustein

Um sich zu erholen, müssen Sie gedanklichen Abstand zu dem gewinnen, was Sie stresst. Das war Ihnen höchstwahrscheinlich bereits klar, bevor Sie damit begonnen haben, dieses Buch zu lesen. Aber nun wissen Sie endlich, *wie* das am besten gelingt, und haben genügend Anregungen, um damit zu experimentieren. Ihre Aufgabe ist es nun, sich in Ihren Erholungszeiten – während Feierabenden, Pausen, Freizeitbeschäftigungen, Leerlauf-Zeitfenstern – nicht bloß Ihren Gedanken hinzugeben und sich die bestmögliche Erholung zu erhoffen, sondern zu überprüfen, ob Ihre Gedanken Ihrer Erholung zuträglich sind. Falls nicht, wenden Sie die Techniken Kognitiver Defusion an und Sie werden eine sofortige Änderung Ihres Erlebens bemerken. Je häufiger Sie das üben, desto schneller werden Sie in den Erholungsmodus »schalten« können.

Oder: Gestalten Sie Ihre Erholungszeiten so, dass Sie zu Flow-Zeiten werden. Identifizieren Sie Ihre Favoriten unter den Flow-Aktivitäten, führen Sie diese aus oder schaffen Sie sich Mikroflow-Erlebnisse.

Ziel beider Techniken ist, dass Sie Ihre innere Kraftquelle wiederentdecken und sich mit ihr verbinden. Energie kann niemals von außen zugeführt werden – es sei denn, Sie schlucken irgendwelche Aufputschmittel, die langfristig jedoch auch zur Erschöpfung und Resistenz führen würden.

Damit abschließend zu den beiden zentralen Aspekten dieses Kapitels:

Erholung erfordert gedankliches Abstandnehmen zum Alltag.

Gedankliches Abstandnehmen geschieht durch Kognitive Defusion oder Flow-Aktivitäten.

Kapitel 6

Der zweite Erholungsbaustein: Mastery-Erlebnisse

Tschakka – du schaffst es!

Überlegen Sie bitte einen Moment lang, wann Sie das letzte Mal das Gefühl hatten, dass Sie etwas erfolgreich gemeistert haben. Vielleicht haben Sie ein wichtiges Projekt abgeschlossen, Ihre Doktorarbeit abgegeben, einen Schal gestrickt, die Fenster ordentlich geputzt oder ein Fest organisiert, auf dem sich alle gut amüsiert haben.

Ein Mastery-Erlebnis ist das Gefühl einer gut bewältigten Herausforderung. Wenn Sie zu Beginn der Lektüre Erholung vielleicht für Entspannung – oder zumindest etwas sehr Ähnliches – hielten, müssen Sie diese Meinung spätestens jetzt überdenken.

Herausforderung, das klingt irgendwie mittelalterlich, bedeutet aber nicht, dass Sie mit einem Schwert bei Ihrem Nachbarn aufschlagen und ihn zum Duell fordern sollen. Die klassische Erholungsforschung rät für diese Erholungskomponente zu Sport und zu Lernaktivitäten. Ich weiß nicht, wie es Ihnen geht, aber ich muss bei diesen Empfehlungen leise seufzen. »Machen Sie öfter mal einen flotten Spaziergang oder lernen Sie eine Fremdsprache!« – Sie glauben ja gar nicht, wie oft Erholungsbedürftigen diese Tipps gegeben werden. Haben Sie so etwas in der Art auch schon zu hören bekommen oder irgendwo gelesen? Wenn Erholung so einfach geht, warum sind wir dann nicht alle ständig erholt?

Zum einen hat das natürlich damit zu tun, dass Erholung eben nicht nur aus *einem* Baustein besteht, sondern aus mehreren, und uns nicht damit geholfen ist, wenn wir schnellen Schrittes durch den Park flitzen und gleichzeitig an unsere Steuererklärung denken. Gedankliches Abstandnehmen? Fehlanzeige! Aber ist es damit getan? Könnte Ihnen Sport wirklich gute Dienste in Sachen Mastery-Erlebnisse bescheren, wenn Sie wissen, wie Sie gedanklich Abstand nehmen können? Ich verrate Ihnen, worauf ich hinauswill: Um ein Mastery-Erlebnis zu haben, müssen Sie nicht bloß eine herausfordernde Aktivität ausführen, sondern das Gefühl des Erfolgreich-Seins (erfolgreich) erzeugen, in sich wahrnehmen und kultivieren. Das beinhaltet:

1. sich eine Aufgabe zu suchen, die Sie erfolgreich bewältigen können – klingt erst mal leicht, erfordert

aber eine gute Einschätzung über das richtige Maß an Herausforderung und Ihre Fähigkeit, diese zu meistern,
2. die Bereitschaft in sich hineinzuspüren,
3. Ihre Erfolge anzuerkennen und sie sich selbst zuzuschreiben.

Ich seufze also nicht, weil Sport und das Erlernen einer Fremdsprache absurde Vorschläge für eine Erholungspraxis sind, sondern weil die wesentlichen Ergänzungen zu diesen Tätigkeiten fehlen. Ohne das Beherzigen von Punkt zwei und drei stellt sich das Gefühl eines Mastery-Erlebnisses und damit der Erholung jedoch nicht ein. Das ist in etwa so, wie wenn Sie einen Kuchen backen und ihn nicht in den Ofen schieben.

In diesem Kapitel werden wir uns also einerseits damit beschäftigen, welche Tätigkeiten das Potenzial haben, erfolgreich von Ihnen bewältigt zu werden. Andererseits stelle ich Ihnen Techniken vor, mit deren Hilfe Sie Ihren Erfolg wahrnehmen, ihn sich geradezu gönnen und in ihm baden können, benenne aber auch die Hindernisse, die Sie normalerweise davon abhalten, und zeige, wie Sie diesen begegnen können.

Zuerst jedoch zu unserer Bestandsaufnahme: Wie steht es ganz am Anfang dieses Kapitels mit Ihnen und dem Erfolgserleben?

So sieht's aus

Sie erinnern sich: Im Folgenden finden Sie vier Aussagen, die Sie mit »stimmt« oder »stimmt nicht« beantworten können. Ein »stimmt nicht« erhält bitte von Ihnen die Zahl Null und ein »stimmt« die Zahl Zwei. Sollten Sie sich irre schwer damit tun, sich zwischen diesen beiden Polen zu entscheiden, können Sie noch die Kategorie »geht so« hinzufügen und Sie mit der Zahl Eins gleichsetzen. Aber das *wirklich* nur, wenn Sie ganz nervös bei dem Gedanken werden, sich zwischen »stimmt« und »stimmt nicht« zu entscheiden. »Geht so« geht höchstens einmal!

Nachdem Sie die vier Sätze bewertet haben, zählen Sie bitte die sich ergebenden Zahlen zusammen. Die Höchstzahl sollte acht und die niedrigste Zahl null betragen.

Lesen Sie sich also bitte die folgenden Aussagen durch und beschließen Sie, ob diese Ihrem ganz subjektiven Erleben entsprechen oder nicht. Sind Sie schon gespannt, was herauskommen wird? Dann los!

1. Wenn ich mich erholen will, unternehme ich etwas, das meinen Horizont erweitert.
2. In meiner Freizeit lerne ich Neues dazu.
3. Zur Erholung suche ich mir geistige oder körperliche Herausforderungen.
4. Als Gegenpol zum Stress tue ich Dinge, die mir gut gelingen.

Das haben Sie schon mal hervorragend gemeistert! Rechnen Sie nun bitte Ihren »Mastery-Score« aus und vergleichen Sie ihn einmal mit Ihrem Ergebnis vom gedanklichen Abstandnehmen. Ist er höher, niedriger oder genau gleich? Entspricht das Ihrem persönlichen Empfinden? Nehmen Sie diese Zahlen bitte nur als Anstoß zur Überlegung, in welchem Erholungsbereich Sie vielleicht noch besser ansetzen könnten – eine niedrige Zahl weist lediglich auf ein großes Potenzial hin. Lassen Sie uns also damit beginnen, mehr Mastery-Erlebnisse in Ihr Leben zu bringen!

Was?

Mastery-Erlebnisse müssen nichts mit dem, was Sie gut können, zu tun haben. Ganz im Gegenteil. Ein Mastery-Erlebnis kann sich nur einstellen, wenn Sie vorher denken: »Na, ob das mal gut geht?«

Mein letztes Mastery-Erlebnis kam ganz unverhofft. In der Kita meines Sohnes war Laternenbasteln angesagt. Prima, dachte ich, da kann ich mich einfach in die Kuschelecke legen, selbst gemachten Kuchen essen und lass die Erzieher mal machen. Das hatte ich leider falsch verstanden, denn ich wurde mit meinem Kind, Pappe, buntem Pergamentpapier, Metallbügeln und Flüssigkleber allein gelassen. Wobei wir eben leider nicht wirklich *allein* waren, sonst hätte ich mich davongestohlen und wäre in einen gut sortierten Spielzeugladen gegangen, um eine fertige Laterne zu erstehen. Die anderen Eltern bastelten um uns herum fleißig mit ihren Sprösslingen »Raketenlaternen«, »Dinosaurierlaternen« oder »Pinguinlaternen«. Mein Sohn sah mich vertrauensvoll an und fragte: »Und was jetzt?«

Ja – was jetzt? Ich studierte die schon fertigen Laternen und guckte mir an, wie die anderen das gemacht hatten. Dann entdeckte ich auch noch einen praktischen Tacker. Ich erspare Ihnen jetzt den Mittelteil der Geschichte, ich schaffte es jedenfalls, eine »Sternenlaterne« zu basteln, die ihren Zweck vollkommen erfüllte! Dass ein kleiner Junge die Stirn runzelte und dann zu mir sagte: »Das ist ja gar keine Laterne!«, war mir egal. Mein Sohn war zufrieden, die Erzieher nickten die Sache ab und ich war so richtig stolz und fühlte mich nach der Bastelaktion um einiges erholter als zuvor.

Wenn ich mit Klienten über Mastery-Erlebnisse spreche, bekomme ich häufig folgenden Satz zu hören: »Aber ich bin doch gar kein Meister in irgendetwas!« Vielleicht ist das englische Wort »Mastery« tatsächlich irreführend, damit gemeint ist nicht, dass wir ein totaler Experte sein müssen, sondern dass wir eine Herausforderung bewältigen. Kein Meister in irgendetwas zu sein, ist also im Grunde ein perfekter Ausgangspunkt, überall stoßen wir auf spannende Aufgaben, die uns Mastery-Erlebnisse bescheren können. Alles, was Sie tatsächlich dafür brauchen, ist die Bereitschaft, etwas auszuprobieren und ein gewisses Maß an körperlicher oder geistiger Anstrengung aufzubringen.

In meinem Beispiel hat sich die Möglichkeit zum Mastery-Erlebnis ganz spontan ergeben, aber wenn wir mit diesem Baustein bewusst unsere Erholungszeit gestalten wollen, ist das ebenso gut möglich – allerdings nicht in allen Lebensbereichen gleichermaßen umsetzbar. Es liegt auf der Hand: Wenn Sie familiär gerade sehr eingespannt sind, können Sie Mastery-Unternehmungen nicht oder nur in begrenztem Umfang planen, ebenso wenn Sie momentan viel arbeiten und Ihre Freizeit vielleicht nur kurze Zeitfenster umfasst, weil Sie abends vor Ermüdung schnell ins Bett fallen. Körperliche oder geistige Anstrengung – nein, danke! Doch egal wie, es *gibt* Möglichkeiten, sodass wir in *jeder* Lebenssituation zu unseren Mastery-Erlebnissen kommen, lassen Sie sich von meinen Vorschlägen überraschen. So. Genug geredet: Ich fordere Sie hiermit heraus!

1. Alles neu

Mastery-Erlebnisse stellen sich fast automatisch ein, wenn Sie etwas Neues oder Ungewohntes tun: Im Schwimmbad vom Drei-Meter-Brett springen, indisch kochen, allein ins Kino gehen, sich mit einem Thema beschäftigen, das Ihnen bisher fremd war, sich mit jemandem verabreden, mit dem Sie sich vorher noch nie (privat) getroffen haben, zum ersten Mal den Balkon oder ein Beet bepflanzen – Ihren Ideen sind keine Grenzen gesetzt. Die Herausforderung besteht in diesem Fall mehr in einer Überwindung, das scheint Ihnen vielleicht keine direkte Anstrengung zu sein, für

Ihr Gehirn ist es aber genau das. Es müssen Verknüpfungen zwischen Nervenzellen hergestellt oder aktiviert werden, die vielleicht lange brachlagen oder noch gar nicht existierten, Nervosität stellt sich ein, ein Feuerwerk an Neurotransmittern wird losgelassen, um sich dem Ungewohnten anzupassen. Auch hier gilt es jedoch, das passende Maß zu finden, der neuartige Charakter einer Unternehmung muss für Sie spürbar sein, es reicht wahrscheinlich nicht, heute mal zu den gelben Tomaten zu greifen, obwohl Sie sonst immer die roten essen.

Überlegen Sie sich jetzt bitte eine neue Aktivität, bei der Sie ein kleines Kribbeln im Magen spüren könnten und die Sie während Ihrer Erholungszeit in Angriff nehmen möchten.

2. Sport

Jetzt komme auch ich Ihnen mit dem Rat, mal einen flotten Spaziergang zu machen – nein, nicht direkt. Worauf es bei Mastery-Erlebnissen wirklich ankommt, werden wir auf den nächsten Seiten noch genauer besprechen. Aber wissen Sie, warum Sport überhaupt so oft in Zusammenhang mit Erholung genannt wird?

Bewegung baut Stresshormone ab, sorgt für Endorphine, die »Glückshormone«, und nimmt sogar Einfluss auf die sogenannten neurotrophen Faktoren, das bedeutet auf das Wachstum von Nervenzellen. Ein verkleinerter Hippocampus, wie er infolge von Depressionen zu finden ist, kann zum Beispiel wieder wachsen – wenn wir bloß genügend Step-Aerobic machen und damit unser ganzes Wohlbefinden verbessern. Sport zu treiben löst eine ganze Kaskade körperlicher Reaktionen aus, von denen viele großartig bis sensationell sind. Ganz egal, was Ihr Problem ist, Sport ist fast immer die Lösung, so auch in Bezug auf Mastery-Erlebnisse. Zu joggen, zu tanzen, Tennis zu spielen, all das birgt nämlich immer die Möglichkeit, sich herauszufordern, selbst wenn Sie diesen Sport schon seit Jahren betreiben. Sie müssen sich bloß einen schwierigeren Gegner suchen, eine kompliziertere Choreografie, eine weitere Strecke, einen geeigneten Wettbewerb. Die Formel ist mal wieder einfach: Steigern Sie Ihre sportliche Betätigung auf ein Maß, das Sie herausfordert, Sie aber dennoch bewältigen können. Wie könnten Sie das in Ihrer Lieblingssportart umsetzen? Wenn Ihnen aufgrund der Umstände momentan die Zeit für Sport fehlt, denken Sie möglicherweise in einem zu großen Rahmen. Lassen Sie sich auf Alternativen ein. Der Beginn kann schon sein, dass Sie zum Sport treiben zu Hause bleiben und nicht ins Fitnessstudio gehen und kein Ganzkörper-Work-out machen, sondern bloß zwanzig Sit-ups – sofern das für Sie zumindest noch eine kleine Herausforderung darstellt.

3. Lernen

Hach, ich mag diesen Baustein der Erholung sehr gerne. Es gibt so bombensichere Methoden, um ihn umzusetzen. Neben sportlichen Herausforderungen und dem Erleben von Neuem, ist es das Lernen, das uns Mastery-Erlebnisse beschert. Die Klassiker sind: das Erlernen einer Fremdsprache, eines Instruments, einer Handarbeit, einer anderen kreativen Tätigkeit wie Zeichnen, Schreiben, Schauspielerei, Geschicklichkeitstätigkeiten wie Jonglieren, auf einer Slackline balancieren oder das Erlernen anderer Sportarten.

An alle Vielbeschäftigten, wie unsere Ärztin Jenni oder die familiär ständig in Beschlag genommene Nadja: Backen Sie kleine Brötchen. Es geht nicht darum, von jetzt auf gleich fließend Mandarin zu sprechen, sondern vielleicht zehn Vokabeln pro Tag zu lernen, ein einfaches Lied auf der Gitarre zu spielen, einen Topflappen zu häkeln, ein Kapitel in einem Fachbuch zu lesen und zu verstehen.

Legen Sie sich auf ein erreichbares Lernergebnis fest, das vielleicht schon deshalb eine Herausforderung darstellt, weil Sie nicht viel Zeit zur Umsetzung haben.

4. Spagat

Das ist jetzt kein Scherz! Wirklich nicht! Sich darin zu trainieren, einen Spagat hinzukriegen (ich meine wirklich einen *physischen* Spagat, nicht den Spagat zwischen Arbeit und Familie oder Ähnliches), ist ein Mastery-Erlebnis, das mit großer Wahrscheinlichkeit neu für Sie sein und Sie sportlich herausfordern dürfte und bei dem Sie obendrein etwas lernen. Doch nicht nur das: Das Erlernen eines Spagats lässt sich prima mit ein paar Dehnübungen am Tag in den Alltag einbauen (Sie finden im Literaturverzeichnis eine Buchempfehlung dazu) und das Ergebnis ist beeindruckend – nicht viele Normalos können Spagat! Vielleicht lachen Sie immer noch über diesen Vorschlag, aber es gibt eine ganze Philosophie darüber, dass die körperliche Flexibilität mit der geistigen Flexibilität einhergeht. Einen Versuch ist es wert, oder?

5. Abenteuer Alltag

Sie haben absolut keine Lust vom Drei-Meter-Brett zu springen, mit Fremdsprachen haben Sie nichts am Hut und Bewegung ist auch nicht Ihr Ding? Das bedeutet noch lange nicht, dass Sie keine Mastery-Erlebnisse haben können! Unser gesamter Alltag besteht aus Mastery-Erlebnissen, wir müssen sie uns bloß bewusst machen – gerade wenn für die zusätzlich geplanten Mastery-Aktivitäten eigentlich keine Zeit bleibt.

Durchforsten Sie mal Ihren Alltag und finden Sie drei immer wiederkehrende Abläufe, die Sie jedes Mal Überwindung oder Anstrengung kosten.

Morgens aus dem Bett aufstehen, zur Arbeit fahren, abends etwas Gesundes kochen? Die Kinder zur Schule bringen, acht Stunden im Büro sitzen, einkaufen gehen? Ihren Vater zur Tagespflege bringen, die Wohnung aufräumen, Bewerbungen schreiben?

Mein persönlicher Dauerbrenner ist das Haarewaschen. Ich mag das Gefühl, gewaschene Haare zu haben, aber ich hasse die Nässe auf meinem Kopf. Seltsam, oder? Jedenfalls mache ich diese unleidliche Aufgabe deshalb immer zu einem Mastery-Erlebnis, weil sie mich Überwindung kostet.

Sie meistern ähnliche Herausforderungen tagtäglich, machen Sie also ganz einfach Ihre Pflichten zu Mastery-Erlebnissen. Sie dürfen das. Es spricht absolut nichts dagegen, wahrzunehmen, dass Sie Ihren Alltag erfolgreich bewältigen. Das heißt ja gar nicht, dass Sie damit vor anderen angeben müssen, ich erzähle auch nicht jedem stolz: Stell dir vor, ich habe mir heute die Haare gewaschen! Sie können ganz für sich selbst stolz auf sich sein. Wie das?

Halten Sie jedes Mal nach Ihren drei festgelegten Tätigkeiten inne und spüren Sie mindestens drei Sekunden lang, dass Sie gerade etwas geleistet haben, das Ihnen nicht leichtgefallen ist. Sie finden das immer noch albern und übertrieben? Das ist ein häufiges Phänomen, auch in Bezug auf Mastery-Erlebnisse, die wir nicht aus unserem Alltag heraus kreieren. Damit ist es nun höchste Zeit, dass wir uns dem alles entscheidenden Punkt zuwenden: Wodurch genau wird das Bewältigen einer Herausforderung denn eigentlich zu einem Mastery-Erlebnis?

Wie?

Denken Sie mal an Heike: Ständig lässt sie sich auf neue Herausforderungen ein! Abgefahrene Sportkurse, Heilfasten, exotisches Kochen, abenteuerliche Reiserouten – obwohl sie all das hervorragend meistert, fühlt sie sich regelrecht ausgebrannt. Wie ist das möglich? Heike müsste doch vor Erholung strotzen!

Wissen Sie, warum das nicht der Fall ist? Heike führt zwar rund um die Uhr Tätigkeiten aus, die beste Voraussetzungen für Mastery-Erlebnisse bieten, aber in ihr entsteht nicht das dazugehörige *Gefühl*. Genau dieser Aspekt ist aber entscheidend dafür, ob wir uns gestresst oder erholt fühlen.

Wenn Sie also irgendwo den Tipp lesen, Sie müssten bloß schnell mal joggen gehen, um sich erholt zu fühlen oder gar Ihre Depression in den Griff zu kriegen, sind Sie zu Recht verärgert. Auch der viel gelobte Sport kann zu einem Stressfaktor werden, wenn wir ihn aus den falschen Motiven in Angriff nehmen. Hier kommt also eine wichtige Spielregel, die Sie unbedingt befolgen sollten, damit sich das erhoffte Mastery-Gefühl auch tatsächlich einstellt.

Kein Zufall

Kommen Ihnen folgende Sätze bekannt vor?

»Ach, das war reine Glückssache.«
»Andere können das doch genauso.«
»XY kann das noch viel besser als ich.«
»Ich habe das nur geschafft, weil es so gut erklärt wurde.«
»Die Aufgabe war so leicht.«
»Ich kann das eigentlich gar nicht.«
»Auf so etwas kann man doch nicht stolz sein.«

Es mag sein, dass Ihr Erfolg reine Glückssache ist, wenn Sie sich als Mastery-Tätigkeit einen Abend am einarmigen Banditen ausgesucht haben und es Ihr Ziel ist, hundert Euro zu gewinnen. In allen anderen Fällen gilt: Die Bewältigung einer Aufgabe ist kein Zufall, sondern liegt an Ihnen. Machen Sie es sich zur Gewohnheit, nach einer Anstrengung, die Sie gemeistert haben, zu sich selbst zu sagen: »Das habe ich gut gemacht.« Wenn Sie möchten, können Sie sich danach sogar auf die Schulter klopfen, ich mache das mehrmals am Tag und es fühlt sich großartig an. Erinnern Sie sich noch einmal an die Einleitung und die Schöpfungsgeschichte: Sehen Sie, dass etwas gut war. Lassen Sie es nicht unter den Tisch fallen.

Den Satz »Das habe ich gut gemacht« zu denken oder auszusprechen, ist Ihr abschließendes Ritual und es ist genau dieser Punkt, der ein Mastery-Erlebnis von einer Flow-Tätigkeit unterscheidet – was nicht bedeutet, dass das eine das andere ausschließt. Wenn Sie im Flow sind, fühlt sich das bloß so gut an, dass Sie gar keinen bewussten Gedanken daran verschwenden, wie gut Sie Ihre Sache eigentlich gerade machen. Erholung stellt sich ohne diesen Zusatz ein, weil die Tätigkeit an sich belohnend wirkt. Ich möchte es an dieser Stelle noch einmal ganz plakativ formulieren: Ein Mastery-Erlebnis basiert auf Mastery-Erleben, dem *Gefühl* erfolgreicher Bewältigung.

Vielen von uns fällt es jedoch sehr, sehr schwer, uns rückblickend für unser Können, unseren Mut oder unser Talent zu loben. Leider werden wir gesellschaftlich immer noch dahingehend erzogen, dass Bescheidenheit eine Tugend ist und Eigenlob stinkt. Wenn ich mit Klienten an diesem Punkt angelangt bin, könnte ich einen Großteil der kommenden Sitzungen nur damit zubringen, um über diese Tatsache zu diskutieren:

»Nein, Sie haben diese Sache wirklich gut gemacht.«

»Sie dürfen stolz auf sich sein, Sie haben allen Grund dazu.«

»Bloß weil andere das Gleiche vollbringen, schmälert das noch lange nicht Ihre Fähigkeiten.«

»Andere können Sie doch auch für Ihre Taten bewundern, warum bringen Sie sich diese Bewunderung nicht auch selbst entgegen?«

Ich könnte mir den Mund fusselig reden und in meinen Anfängen als Psychologin habe ich das auch getan. Diskutieren Sie also bitte nicht mit *sich selbst* darüber, ob Sie tatsächlich ein Mastery-Erlebnis verdient haben oder nicht. Fakt ist: Sie können bloß ein solches erleben, wenn Sie die Bewältigung einer Herausforderung »internal attribuieren«, wie es in der Fachsprache heißt. Sprich: wenn Sie sich dies selbst zuschreiben und nicht den äußeren Umständen.

Haben Sie also eine Aufgabe gemeistert, die Sie sich zu Erholungszwecken vorgenommen haben, *müssen* Sie sich selbst dafür verantwortlich machen. Sonst werden Sie, ähnlich wie Heike, egal, wie viel Sie auch lernen oder sich sportlich betätigen, nie wirklich das Gefühl haben, dass es gut ist.

Werden Sie sich darüber klar. Die Frage, die Sie sich stellen müssen, ist: Möchte ich in meiner Erholungszeit Mastery-Erlebnisse kreieren? Ähnlich wie bei einer Hochzeit erwarte ich regelrecht, dass Sie nun mit »Ja, ich will« antworten – schließlich lesen Sie dieses Buch vermutlich mit der Absicht, sich besser zu erholen. Diese Antwort beinhaltet Folgendes: Wenn Ihnen Selbstzweifel durch den Kopf gehen, Sie Ihr gutes Gelingen kleinreden, Sie Ihren Erfolg den äußeren Umständen zuschreiben, anstatt in Ihrem wunderbaren Tun zu schwelgen – bemerken Sie dies. Wenden Sie in einem solchen Fall Kognitive Defusion an (hören Sie zum Beispiel Gedankenradio) und sagen sich andererseits bewusst: »Das habe ich gut gemacht.« Nicht als Einladung zur inneren Gegenrede, sondern als entschiedene Feststellung.

Was meinen Sie, wie stolz ich mit meiner »Sternenlaterne« nach Hause gegangen bin? Natürlich tönte die ein oder andere Stimme aus dem Gedankenradio und sagte: »Die anderen Laternen sind ja viel innovativer«, oder: »Du bist doch eine erwachsene Frau, natürlich kannst du eine Laterne basteln, darauf brauchst du dir gar nichts einzubilden«, eine sagte sogar: »Die Laterne ist total hässlich.«

Indem ich Kognitive Defusion angewandt habe, konnte ich diesen Sätzen lauschen, ohne das Lächeln auf meinem Gesicht zu verlieren, und auch meinem Kind vermitteln, dass diese Laterne einfach wundervoll ist. Allein durch die Tatsache, dass *wir* sie gemeinsam gebastelt haben. Und da ich mit der Anwendung Kognitiver Defusion – die eine ziemliche Herausforderung war – Erfolg hatte, stellte sich gleich das nächste Mastery-Erlebnis ein! Ich sag's Ihnen: Das Ganze wird mit zunehmender Übung zum Selbstläufer.

Learning by doing

Sie haben sich also vorgenommen, im Sommer im Park auf einer Slackline zu balancieren, und Ihr Ziel ist es, zwei oder drei Schritte darauf zu gehen. Nur leider schaffen Sie es noch nicht einmal, Ihr Gewicht mit einem Fuß auf dem Ding nach oben zu bugsieren.

Solche Szenarien können Ihnen immer wieder passieren, wenn Sie sich um Mastery-Erlebnisse bemühen. Ähnlich wie beim Flow ist es manchmal eine Herausforderung, Herausforderungen zu finden, die einen passenden Schwierigkeitsgrad haben – keine Überforderung, keine Langeweile. Wenn Ihr Vorhaben mal nach hinten losgeht, ist das ganz normal und eine gute Möglichkeit, um Ihre Grenzen auszuloten. Passen Sie sich dem natürlichen Fluss Ihrer Fähigkeiten an und wählen Sie das nächste Mal etwas Leichteres. Bei Mastery-Erlebnissen geht es nicht darum, eine Meisterschaft zu erlangen, sondern dass Sie bewusst (irgend)etwas meistern.

Ein Beispiel: Heike sagt sämtliche Sport- und Meditationskurse für einen Tag ab und besinnt sich darauf, bloß zwanzig Sit-ups zu machen. Das ist für sie eine Herausforderung, denn ihre Bauchmuskulatur hat sie in letzter Zeit ziemlich vernachlässigt. Natürlich zeigt sich beim nächsten Blick in den Spiegel kein Waschbrettbauch, aber darum geht es auch gar nicht. Es geht darum, dass sie etwas tut, das sie Überwindung kostet oder für sie tendenziell schwierig ist. Wenn sie diese Mastery-Übung nun noch mit einem Ritual beginnt, beispielsweise ihrem Körper dankt, bevor sie mit den Sit-ups beginnt, und anschließend für sich selbst feststellt: »Das habe ich gut gemacht« – ist die Erholung so sicher wie das Amen in der Kirche. Ich fühle mich schon erholt, wenn ich mich in dieses Szenario hineinversetze. Es ist etwas vollkommen anderes, als wenn in Heikes Bauch-Beine-Po-Kurs zufällig zwanzig Sit-ups gemacht werden und sie dieses Training vollkommen unachtsam für das, was sie gerade leistet, durchhält. Das Geheimnis lautet: Bewusstheit! Wissen Sie was? Lassen Sie uns diese kurze Übung doch einmal selbst machen, um den Kernpunkt zu spüren. Ich mache auch mit:

1. Legen Sie Ihre Handflächen vor der Brust aufeinander und danken Sie Ihrem Körper für die Möglichkeit, Ihre Bauchmuskeln zu trainieren, das ist nicht selbstverständlich.
2. Machen Sie zwanzig Sit-ups.
3. Klopfen Sie sich auf die Schulter und sagen Sie laut oder innerlich zu sich selbst: »Das habe ich gut gemacht!«
4. Los geht's!

Sie haben gerade ein kleines Mastery-Erlebnis in Ihren Alltag integriert, herzlichen Glückwunsch! Was ist das für ein Gefühl? Für mich sind zwanzig Sit-ups ein gutes Maß, ich kann sie bewältigen, aber nach zehn Wiederholungen denke ich doch: »Oh, là, là! Warum mache ich das noch mal?« Ging es Ihnen ähnlich? Vermutlich müssen Sie nach ein paar Tagen Ihre Dosis steigern und werden ganz nebenbei noch fitter.

Es ist möglich, dass Ihnen jetzt allerlei Gedanken durch den Kopf gehen, die Sie von Ihrem erholten Mastery-Gefühl ablenken könnten:

»Das kann doch unmöglich reichen.«

»Was sollen denn die Hände vor der Brust, ich komme mir ja total bescheuert vor!«

»Ich will aber nicht jeden Tag Sit-ups machen, wie langweilig.«

»Bloß weil ich diese Übung gemacht habe, habe ich noch lange keinen Grund, stolz auf mich zu sein.«

Identifizieren Sie bitte Ihre hinderlichen Gedanken und dann führen Sie eine Übung zur Kognitiven Defusion durch, singen Sie diesen innerlichen Hagel aus Zweifeln und Kritik zum Beispiel zur Melodie von »Jingle Bells«. Auch auf Ihr Know-how, mit unproduktiven Gedanken umzugehen, können Sie stolz sein! Der Merksatz dieses Kapitels lautet:

Erholung entsteht durch die bewusste Bewältigung von Herausforderungen.

Kapitel 7

Der dritte Erholungsbaustein: Selbstbestimmung

Der Bulldozer zum Strand

Nadja wird jeden Morgen um fünf Uhr von ihrem mittleren Sprössling mit den Worten: »Mama, hoch!«, geweckt, so auch an diesem Wochenende. Wenn sie nicht tut, was er sagt, weint er so laut, dass er seine Geschwister weckt, deshalb steht Nadja lieber auf. Als auch die anderen Kinder wach sind, ist so viel Trubel in der Wohnung, dass Nadja und ihr Mann beschließen, zum Spielplatz zu gehen, damit die Kids sich austoben können. Eigentlich würden die beiden gern mal wieder gemeinsam in einem Lokal frühstücken, aber mit drei Kindern ist das einfach kein Vergnügen. Während der Mittagsschlafzeit muss Nadja den Wochenendeinkauf erledigen, zeitgleich wuppt ihr Mann den gröbsten Haushalt, und *schwups!* ist der Nachwuchs auch schon wieder wach. Nachmittagsprogramm? Die Kinder wollen in den Zoo. Statt die Beine hochzulegen, wird die Wickeltasche gepackt und es geht los. Schnell sind die Tiere abgehakt und die beiden Großen klettern stundenlang auf dem Abenteuerspielplatz, na wenigstens sind sie dann abends schön müde. Leider funktioniert diese Überlegung nur in der Theorie. Als alle wieder zu Hause sind, will einer der Söhne Gips anrühren, der andere möchte vorgelesen bekommen. Lesen – das würde Nadja auch gern mal wieder! Aber nicht das Buch »Zähne putzen, Pipi machen«, sondern einen spannenden Ostsee-Krimi. Nachdem endlich alle bettfertig sind und schlafen, ist Nadja jedoch so müde, dass ihr schon vor dem Zähneputzen die Augen zufallen, dabei wollte sie doch wenigstens noch fünf Minuten lang meditieren! Der frühe Schlaf tut Nadja dennoch gut, denn schon um Mitternacht kommt einer der Jungen zu ihr ins Bett gekrabbelt, der andere folgt gegen drei Uhr morgens. Eigentlich schläft Nadja gern auf dem Bauch, aber wenn sie sich umdreht, wachen die Kinder wieder auf. Also verweilt sie in einer für sie unangenehmen Position, liegt noch ein wenig wach, dann verfällt sie in einen unruhigen Schlaf, bevor es früh um fünf wieder heißt: »Mama, hoch!«

Forscher haben herausgefunden, dass Erholung stattfindet, wenn wir das Gefühl haben, unsere Freizeit selbstbestimmt gestalten zu können. Wenn wir uns mit diesem Wissen noch mal Nadjas Tagesablauf ansehen, müssen wir nicht lange grübeln, warum es mit der Erholung nicht so recht klappen will – Nadja kann ja noch nicht mal ihre Schlafposition frei wählen! Elternsein bedeutet ständige Verantwortung und Fürsorge. Natürlich: Wir können den Nachwuchs mal »abgeben«, allein verreisen, die Kinder nachts immer wieder in ihr eigenes Bett begleiten, tagsüber unser Erwachsenenprogramm durchziehen, obwohl die Kinder nicht in die Shoppingmall, sondern lieber ins Aquarium wollen – all das wird jedoch nichts daran ändern, dass wir unseren Alltag nicht mehr vollkommen nach unseren eigenen Bedürfnissen ausrichten können. Aber mal ehrlich: Wer kann das schon?

Vielleicht haben Sie gar keine Kinder, aber kennen dieses quälende Gefühl, wenn morgens der Wecker klingelt und sie aus dem Tiefschlaf reißt. Draußen ist es noch dunkel und kalt, in der U-Bahn ist es voll und stickig, doch Sie müssen dennoch zur Arbeit fahren. Um pünktlich zu sein, verzichten Sie auf ein gemütliches Frühstück und sind gezwungen, auf die Mittagspause zu warten. Selbst wenn Sie mal auf die Toilette gehen wollen, müssen Sie sich vorher kurz bei Ihrem Kollegen abmelden oder sich nach den Pausenzeiten richten. Wenn sich im Arbeitskontext jeder ausschließlich selbstbestimmt verhalten würde, wäre Zusammenarbeit äußerst schwierig.

Und wie sieht es mit Heike aus? Ist Selbstbestimmung gar kein Thema, wenn wir Millionärin sind und keine Kinder haben? Leider nicht! Erinnern Sie sich mal, was Heike alles scheinbar ganz selbstbestimmt unternimmt: Ayurveda-Kuren, Fasten, Yoga, Pilates, Ausdauerkurse, Kochkurse, die Umdekorierung ihrer Wohnung, Fernreisen – Heike fühlt sich nach all diesen Aktivitäten nicht erholt, sondern erschöpft. Warum halst sie sich das bloß alles auf? Trotz genügend Geld und Zeit lebt Heike fremdbestimmt. Sie orientiert sich am Pensum anderer, vergleicht sich und passt sich ganz unbewusst dem Selbstoptimierungsstreben ihres sozialen Umfelds an. Das ist anstrengend und vieles von dem, was sie tut, entspricht gar nicht ihrem Naturell.

Es ist also egal, in welcher Lebenssituation wir stecken, das Thema Selbstbestimmung versus Fremdbestimmung ist für uns alle relevant!

Bevor wir zu unserer gewohnten Bestandsaufnahme kommen, möchte ich Ihnen daher eine Frage stellen, und ich würde Sie bitten, das Buch nach dem Lesen dieser Frage beiseitezulegen und über Ihre Antwort nachzudenken: Kann es sein, dass Sie nicht in dem Maße erholt sind, wie Sie es sich wünschen, weil Sie den Großteil des Tages das Gefühl haben, Ihren Tagesablauf fremdbestimmt gestalten zu müssen?

Für viele meiner Klienten ist das eine Schlüsselfrage und ebnet den Weg zur Erholung, als würde ich mit dem Bulldozer den direkten Pfad zum Strand freilegen.

In diesem Kapitel wird es um zweierlei Erholungsstrategien gehen: Erstens beschäftigen wir uns mit Selbstbestimmung im Zusammenhang mit Selbstverwirklichung und Werten, zweitens mit Selbstbestimmung in Hinblick auf Selbstwirksamkeit und Ziele. Puh, das klingt ziemlich öde. Wissen Sie was? Lassen Sie uns doch von Strandschätzen sprechen, die wir gemeinsam entdecken: Bernstein, Perlen, Fossilien, Perlmutt, vergessene Juwelen, geheimnisvolle Holzkisten mit aufregendem Inhalt. Die Erkenntnisse, zu denen wir nun kommen, sind nämlich *wirklich* wahre Schätze und können Ihre gesamte Lebenseinstellung verändern! Weg vom ständigen Stress, hin zu dauerhafter Erholung. Am Ende des Kapitels werden Sie wissen, wie Sie ganz selbstbestimmt durchs Leben gehen können, ohne wie Pippi Langstrumpf in der Villa Kunterbunt zu hausen und allen Pflichten abzuschwören. Doch zunächst einmal ist es Zeit für unseren Fragebogen!

So sieht's aus

Damit Sie nicht zurückblättern müssen, hier noch einmal in Kürze: Bitte bewerten Sie die folgenden Aussagen, für jede Zustimmung zählen Sie zwei Punkte, für jede Ablehnung null Punkte. Einmal dürfen Sie auch die Antwort »geht so« vergeben und mit einem Punkt bewerten. Zählen Sie anschließend alle Punkte zusammen.

1. Während meiner Freizeit habe ich das Gefühl, selbst bestimmen zu können, was ich tue.

2. Am Wochenende gestalte ich meine Zeit nach meinen Wünschen und Bedürfnissen.
3. Nach Feierabend erledige ich die Dinge, wie ich will.
4. Wenn ich Zeit für mich habe, entscheide ich selbst, wie ich sie verbringe.

Welche Punktzahl ergibt sich bei Ihnen? Vergleichen Sie diese mal mit den Werten der anderen beiden Bausteine, passt dieses Gesamtbild zu Ihrem Gefühl? Fällt es Ihnen tatsächlich nicht schwer, Mastery-Erlebnisse zu kreieren, aber wie Sie von Pflichtgedanken Abstand nehmen, das war Ihnen bisher ein Rätsel? Oder leben Sie total selbstbestimmt und können sich nach Feierabend super von Ihrer To-do-Liste distanzieren, aber Mastery-Erlebnisse, die sind selten? Vielleicht erleben Sie bei unserem kleinen Psychotest die eine oder andere Überraschung, doch egal, wie Sie in welchem Bereich abschneiden: Lesen Sie sich die nächsten Abschnitte aufmerksam durch und entscheiden Sie ganz selbstbestimmt, was für Sie brauchbar ist. Womit wir direkt beim Thema wären.

Menschen brauchen Selbstbestimmung

Beginnen wir mit einem Experiment: Holen Sie sich bitte ein Glas Wasser. Haben Sie es vor sich? Gut. Und nun gebe ich Ihnen zwei verschiedene Instruktionen.

Die erste lautet: Sie dürfen jetzt gern einen Schluck trinken.

Haben Sie es getan?

Bitte überlegen Sie sich jetzt mindestens drei Adjektive zu dieser Erfahrung, dem Geschmack des Wassers, den Empfindungen in Ihrem Mund und vielleicht sogar Ihrer Stimmung dabei. Kühl, erfrischend, gut? Neutral, prickelnd, angenehm? Warm, durstlöschend, langweilig? Was immer Ihnen einfällt, ist in Ordnung, es gibt keine falschen oder richtigen Antworten. Sie dürfen auch gerne noch einen Schluck trinken, um die Übung zu wiederholen, jetzt da Sie die genaueren Instruktionen kennen.

Dann kommen wir zur zweiten Übung. Die Anweisung dazu lautet: Sie müssen sofort noch einen Schluck trinken.

Na machen Sie schon! Und jetzt müssen Sie mir wieder in drei Worten beschreiben, wie Ihnen das Wasser geschmeckt hat und wie Sie sich beim Wassertrinken fühlten.

Und? Nach welcher Aufforderung schmeckt Ihnen das Wasser besser? Eine fast überflüssige Frage. Wahrscheinlich hatten Sie gar keine Lust, der zweiten Instruktion nachzukommen, in Ihnen ist ein trotziges, vielleicht sogar wütendes Gefühl entstanden. Es liegt in der menschlichen Natur, in den inneren Widerstand zu gehen, sobald wir zu etwas gezwungen werden, selbst wenn wir im Grunde gar nichts dagegen haben. Sobald wir nicht mehr wollen dürfen, sondern müssen, gehen Leichtigkeit, Spaß, Genuss und damit auch Erholung flöten. Indem ich Ihnen Befehle erteile, beraube ich Sie Ihrer Selbstbestimmung. Das fühlt sich unangenehm an. Selbstbestimmung ist nämlich ein Grundbedürfnis des Menschen. »Die Freiheit der Person ist unverletzlich« und »Jeder hat das Recht auf die freie Entfaltung seiner Persönlichkeit«, das steht schon im Artikel 2 des Grundgesetzes. Doch schon früh im Leben merken wir, dass das nicht bedingungslos gelten kann. Sie kennen den wichtigen Zusatz: Selbstbestimmung ja, aber nur in dem Maße, in dem unsere Selbstbestimmung nicht zur Fremdbestimmung anderer wird. Praktisch erklärt: Wenn Sie Ihre Kinder nachts ins Kinderzimmer sperren, um ganz selbstbestimmt zu entscheiden, wann sie morgens aufstehen möchten, ist das aus vielerlei Hinsicht problematisch, unter anderem aber auch, weil Sie damit Ihren Kindern die Möglichkeit zur Selbstbestimmung rauben. Es gilt also, ständig eine Balance zwischen dem zu finden, was *Sie* wollen, und dem, was *andere* wollen. Dieser Dauerbrenner zieht sich nicht nur durch unser privates Leben, Partnerschaft, Freundschaft, Erziehung, sondern auch durch unsere Gesellschaft und Politik, rund um den Globus. Wir finden Kompromisse, treffen Absprachen, besiegeln Abkommen und Verträge, im Großen wie im Kleinen: »Ja« zur Waffenindustrie, aber »Nein« zum Krieg, drei Gummibären sind erlaubt, aber nicht die ganze Packung. Wir maßregeln uns und andere, damit das Zusammenleben funktioniert und wir zum bestmöglichen Ergebnis für alle Beteiligten kommen. Maßregeln – wieder so ein schreckliches Wort. Es klingt nach zurückstecken und verzichten, Begriffe, die mit Wohlbefinden und Erholung nichts zu tun haben. Warum eigentlich nicht? Weshalb wirkt gerade Selbstbestimmung erholsam?

Der Mensch lebt nicht vom Brot allein

Als Menschen haben wir einen natürlichen Drang nach Selbstverwirklichung. Der Psychologe Abraham Maslow, einer der Gründerväter der Humanistischen Psychologie, hat die sogenannte »Bedürfnispyramide« entworfen. Es handelt sich dabei um ein Modell, das (sehr vereinfacht!) darstellt, wonach wir Menschen streben. Welche Bedürfnisse motivieren uns zum Handeln?

Sehen Sie sich mal die Pyramide in der Abbildung an. Sie ist ganz ähnlich aufgebaut wie die Ernährungspyramide, aber in den einzelnen Zeilen geht es nicht um Kohlenhydrate, Eiweiße und Fette, sondern um menschliche Bedürfnisse. Ganz unten befinden sich die »physiologischen Bedürfnisse« – Essen, Trinken, Sauerstoff. Darüber sind die »Sicherheitsbedürfnisse« – die Suche nach Stabilität, körperlich als auch

psychisch, das Bedürfnis, keine Angst zu verspüren und Unsicherheiten zum Beispiel durch die Erklärung von Zusammenhängen zu beseitigen. Als Nächstes, in der Stufe drei von unten, geht es um »soziale Bedürfnisse« – wir möchten Teil einer Gemeinschaft sein. Die vorletzte Kategorie besteht aus »Individualbedürfnissen«, das heißt, wir möchten wertgeschätzt und anerkannt werden, erfolgreich und mental sowie körperlich stark sein. Und die Spitze der Pyramide? Da steht nun die Selbstverwirklichung. Auf dieser Stufe streben wir danach, unser volles Potenzial zu entfalten, die Idealvorstellung von uns selbst zu werden.

Die Idee ist nun folgende: Solange Sie keine Luft zum Atmen haben, ist Ihnen Selbstverwirklichung vollkommen schnuppe. Wenn Sie Angst haben, interessiert es Sie nicht, ob Ihre Nachbarin Sie mag. Wenn Sie unter Hunger leiden, denken Sie nicht an den nächsten Karrieresprung. Erst wenn die Bedürfnisse einer unteren Stufe befriedigt sind, kümmern wir uns um die nächsthöhere Kategorie.

Am deutlichsten erleben wir diese Hierarchie, wenn etwas Schlimmes passiert, wir beispielsweise eine ernst zu nehmende Krankheitsdiagnose bekommen und plötzlich denken: »Wie konnte ich mich bloß jemals darum sorgen, dass ich nicht zur Geburtstagsfeier von Gabi eingeladen bin?«

Wir sprechen dann davon, dass uns bestimmte Ereignisse erden oder unser Leben in die richtige Perspektive gerückt wird, wir sind mit einem Mal wieder auf die unterste Stufe unserer Bedürfnisse geplumpst. Wie gut es uns doch ging, da oben zu sein, wir hatten ja keine Ahnung!

Um es etwas pessimistisch zu formulieren: Das Leben ist ein ständiger Kampf um die Befriedigung unserer Bedürfnisse. Wir wenden tagtäglich enorme Kraft auf, um unser Wohlbefinden aufrechtzuerhalten, von den physiologischen Voraussetzungen bis hin zur Selbstverwirklichung. Diese Bedürfnisbefriedigung ist nur möglich, wenn wir selbstbestimmt handeln können. Selbstverwirklichung, das Wort sagt es bereits, können wir nur selbst in die Hand nehmen – wenn man uns denn lässt.

Kommen wir damit zum springenden Punkt: Wenn wir den Großteil unseres Tages das Gefühl haben, fremdbestimmt zu leben, können wir unserem Drang nach Selbstverwirklichung nicht oder nicht im gewünschten Ausmaß nachgehen. Der Kampf, den wir führen, um unsere Bedürfnisse Stufe für Stufe zu befriedigen, wird immer anstrengender und kräftezehrender, wenn wir im Grunde ständig das tun müssen, was andere von uns fordern. Wann bleibt dann noch Zeit für das, was uns *wirklich wichtig* ist? Darunter leiden wir, und das ist ein wichtiger Grund, warum viele Menschen gestresst, genervt, kraftlos, erschöpft, ja sogar depressiv und verzweifelt werden können. Wir versuchen das, was wir eigentlich machen wollen, noch in unsere tägliche Routine zu quetschen, aber wie könnte das irgendwie erholsam sein?

Im Grunde sind wir jetzt wieder am Anfang des Buches angekommen, und Sie könnten denken: Wenn ich also bloß genügend Zeit für mich hätte, dann könnte ich mich so richtig erholen. Erinnern Sie sich an unser Gedankenexperiment? Doch Zeit ist – wie schon festgestellt – nicht der Schlüssel zur Erholung. Wenn Sie weiterhin in den äußeren Umständen nach Erholung suchen und die Flucht an Karibikstrände für die Lösung halten, drehen Sie sich im Kreis. Zeit, ein für alle Mal aus ihm herauszutreten.

Kleine Geschichte des freien Willens oder: Was wollen Sie eigentlich?

Selbstverwirklichung – schön und gut, aber wie? Ständig haben wir das Gefühl, durch unsere Pflichten vom Wesentlichen abgelenkt zu werden, aber was ist das eigentlich, das Wesentliche? Darum soll es in diesem Abschnitt gehen: Was wollen Sie wirklich? Erst wenn Sie das wissen und es ganz klar vor Augen haben, können Sie vollkommen loslassen und sich erholen, denn erst dann sind Selbstbestimmung und Selbstverwirklichung überhaupt möglich.

Beginnen wir also am Anfang unseres Lebens: Schon als Kinder wissen wir meistens ganz genau, was wir wollen. Wir möchten mit dem Traktor spielen und nicht mit der Eisenbahn, wir wollen keine Unterhose anziehen, dafür lieber nackt bleiben und eine Kapitänsmütze aufsetzen, und wir wollen Schokolade essen und keinen Blattsalat. Wenn unsere Erziehungsberechtigten uns das verbieten, reagieren wir trotzig, werden wir doch einem unserer Grundbedürfnisse, der Selbstbestimmung, beraubt. In diesem Fall ist das vor dem Gesetz zulässig, weil die Erwachsenen im Wohle des Kindes handeln. Nur Schokolade zu essen ist eben nicht gesund. Im Laufe der Jahre hören wir auf zu trotzen, übernehmen mehr und mehr das Wissen der Erwachsenen und sehen ein, dass wir eine Blasenentzündung bekommen, wenn wir ohne Unterhose, dafür mit Kapitänsmütze vor die Tür gehen.

In der Pubertät gibt es dann neue Konflikte: Wir wollen ein Tattoo, mit Freunden nach London fliegen, in eine eigene Wohnung ziehen. Wieder handeln die Erziehungsberechtigten im Sinne des Kindeswohls und beschränken ihren Nachwuchs in seiner Selbstbestimmung, denn bis zum achtzehnten Lebensjahr ist das rechtens – und London ist doch ein gefährliches Pflaster für eine Minderjährige!

Richtig spannend wird es erst, wenn wir dann mit der Volljährigkeit plötzlich all die Dinge dürfen, die wir wollen. Dann fangen wir ohne mit der Wimper zu zucken (öffentlich) an zu rauchen, trinken einen über den Durst oder nehmen vielleicht sogar andere Drogen, ziehen ins Ausland, toben uns in unserem Liebesleben aus, schreiben uns für irgendein Studium ein, beginnen zu jobben – alles mal ausprobieren. Wir beginnen, gänzlich selbstbestimmt zu leben, ohne die Verbote unserer Eltern, und hoffen darauf, dass sich irgendwann das Gefühl der Selbstverwirklichung einstellt. Dass wir das richtige Studium erwischen, den richtigen Partner finden, sich das richtige Maß an Alkohol einpendelt. Da müssen unsere Eltern durch, denn erst, wenn wir alles dürfen, können wir herausfinden, was wir wirklich wollen. So weit, so gut. Das Schlamassel geht aber nun erst richtig los, denn die Sache hat einen Haken: Herauszufinden, was wir wirklich wollen, dauert mitunter ein Leben lang! Wie kann das eigentlich sein?

Wussten wir doch als Kinder ganz genau, was wir wollen, und haben bis aufs Blut verteidigt, dass wir mit dem *Traktor* und nicht mit der blöden *Eisenbahn* spielen möchten! Ist uns dieser eiserne Wille irgendwo in der Kindheit, Pubertät oder im frühen Erwachsenenalter abhandengekommen? Ganz und gar nicht, aber wir bemerken mit Ernüchterung, dass uns nichts von dem, was wir wollen, so richtig glücklich macht. Als Kinder denken wir noch: Wenn ich doch bloß den ganzen Tag lang Schokolade essen dürfte, dann wäre alles perfekt! Solange uns die Erfüllung unserer Wünsche verboten wird, hegen wir die Fantasie, wie toll alles wird, wenn wir endlich selbstbestimmt durchs Leben gehen können. Wenn uns das dann alles erlaubt ist, merken wir jedoch bald: Mist, Schokolade ist gar nicht die Lösung aller Probleme! Also suchen wir weiter, nach materiellen Gütern, die wir anhäufen und die uns das Gefühl der Selbstverwirklichung bringen sollen. Aber auch zu heiraten, eine Familie zu gründen, den Traumjob zu ergattern, den Wohnort zu wechseln, sind Ziele, die wir uns in der Hoffnung auf Selbstverwirklichung setzen.

Manche Menschen gehen tatsächlich mit der Vorstellung durchs Leben, dass in der Rente alles »gut« wird, weil sie dann endlich Zeit und Muße für die Unternehmungen haben, die sie immer schon mal machen wollten. Sie dagegen lesen offensichtlich dieses Buch, weil Sie die Hoffnung hegen, dass Sie nicht bis zum Ruhestand warten müssen, um sich so richtig erholt zu fühlen. Da liegen Sie goldrichtig.

Anleitung zum Zusammenfalten einer Strandmuschel

Ich möchte noch einmal das Ziel dieser kleinen Abhandlung über Selbstverwirklichung erklären: Studien belegen, dass Sie das Gefühl der Selbstbestimmung brauchen, um sich bestens zu erholen. Das Gefühl der Selbstbestimmung stellt sich ein, wenn wir das tun, was wir wollen. Dafür müssen wir aber *wissen*, was wir wollen. Die höchste Stufe des Wollens ist Selbstverwirklichung. Ergo: Wenn wir im Alltag dauerhaft das Gefühl haben, uns selbst zu verwirklichen, erlischt der ständige Drang nach Freizeit, Urlaub und Feierabend, weil wir *in jedem Moment* selbstbestimmt leben und das unser Erholungsgefühl unmittelbar herbeiführt.

Dauerhafte Selbstverwirklichung im Sinne der Erholung, darum soll es also in diesem Abschnitt gehen. Ich gebe zu, das klingt fast unmöglich. Oft denken wir nämlich, die Dinge seien eben so, wie sie sind:

> »Ich muss wohl oder übel jeden Tag früh aufstehen, um Geld zu verdienen.«
> »Ich werde nie genug Zeit für mich haben.«
> »Es ist einfach unrealistisch, mich jeden Tag erholt zu fühlen.«
> »Selbstverwirklichung ist eine komplizierte und schwammige Angelegenheit, die nicht auf Knopfdruck funktioniert.«

Bestimmt kommt Ihnen eine dieser Annahmen, oder sogar alle, irgendwie bekannt vor.

Haben Sie schon einmal versucht, eine Strandmuschel zusammenzufalten? Diese Dinger, die zwar wunderbar von allein aufspringen, aber die man nie wieder zurück in die Hülle kriegt? Beim Betrachten der Zeichnungen in der Anleitung wissen Sie noch nicht mal, wo oben und unten ist. Aber: Wenn Ihnen einmal die richtige Technik gezeigt wird, ist die Lösung ein Klacks und Sie fragen sich, warum Sie da nicht früher draufgekommen sind. Ganz genauso läuft auch die Sache mit der Selbstverwirklichung ab. Also, sind Sie bereit, den Seemannsknoten ein für alle Mal zu lösen?

Gut, der Schlüssel liegt in einer neuen Perspektive auf Ihren Alltag. Genauer gesagt, eine Sichtweise, die auf Ihre Werte fokussiert ist und Selbstverwirklichung damit in jedem Augenblick zur Realität werden lässt.

Blicken wir für diese neue Perspektive mal hinter die Kulissen Ihrer täglichen To-do-Liste: Es gibt einen übergeordneten Sinn hinter all den anstrengenden und herausfordernden Tätigkeiten, die Sie täglich auf sich nehmen. Wenn Ihnen dieser Sinn bewusst ist, hören Ihre Pflichten auf, lästig zu sein, denn Sie sind Teil Ihrer Selbstverwirklichung. Für die Erholung bedeutet das: Ihr Bedürfnis nach Pausen, Urlaub und Zeit für sich lässt nach, weil Sie ja bereits tun, was Sie eigentlich wollen. Urlaub? Ja, das ist prima, aber Sie fallen in kein Loch, wenn die Arbeit wieder losgeht. Feierabend? Schön, aber Sie freuen sich auch schon wieder auf Montag. Keine Sorge, diese Sichtweise hat nichts damit zu tun, dass Sie sich mit zusammengekniffenen Augen einreden sollen, Ihre Pflichten seien plötzlich das Nonplusultra und der Strand auf den Seychellen reize Sie nicht mehr im Geringsten.

Aber mal ehrlich: Sie erledigen Ihre Pflichten doch

tatsächlich freiwillig. Genau das ist der springende Punkt, den Sie sich bewusst machen müssen! Ich habe zwar zuvor von Selbstbestimmung und Fremdbestimmung gesprochen, aber Sie wissen genauso gut wie ich, dass Sie nicht ins Gefängnis kommen, wenn Sie nicht zur Arbeit gehen oder aufhören, Ihren Haushalt zu erledigen. Es gibt auch keine Sanktionen, wenn Sie beschließen, nie wieder in Ihrem ganzen Leben Sport zu machen, oder Ihre Eltern, bei denen es immer so langweilig oder nervig ist, nicht mehr so oft zu besuchen. Sie tun all das trotzdem. Freiwillig. Warum? Was ist Ihr übergeordneter Sinn? Oder anders gefragt: Was sind Ihre Werte?

Möglicherweise sind Sie skeptisch und fragen sich, was die Beantwortung dieser Frage bringen soll. Ich sage es Ihnen: Nicht nur, dass Studien den Zusammenhang zwischen Selbstbestimmung und Erholung belegen, die Forschung kommt sogar zu dem Schluss, dass mangelnde Sinnerfüllung mit allen Aspekten von Burn-out korreliert. Psychologische Interventionen, die sich mit der Integration von Werten in das eigene Leben beschäftigen, senken nachweislich das Burn-out-Risiko und wirken sich positiv auf das Wohlbefinden und die allgemeine psychische Gesundheit aus. Da wollen wir hin.

Im Folgenden finden Sie also einige Fragen, die Ihnen dabei helfen sollen, herauszufinden, wofür Sie im Leben stehen, welches Ihre Werte sind. Lesen Sie bitte eine nach der anderen durch und versuchen Sie, pro Frage mindestens zwei stichwortartige Antworten zu notieren. Falls Ihr Verstand versucht, Ihnen dabei einen Strich durch die Rechnung zu machen, indem er Ihnen erzählt, diese Fragen seien sinnlos, lächerlich, viel zu schwer zu beantworten oder überflüssig, obendrein hätten Sie sie schon tausendmal gehört, wenden Sie bitte Kognitive Defusion an – hören Sie Ihre kritische Stimme zum Beispiel wie durch ein Radio, das im Hintergrund dudelt, und denken Sie weiter über Ihre Antworten nach.

»Wie sollen sich andere nach Ihrem Tod an Sie erinnern, wie war die Person, die sie kannten?«

»Was ist Ihnen wirklich wichtig im Leben?«

»Was würden Sie gerne hören, wenn Ihr Partner/Ihre Kinder/Ihre Freunde Sie anderen gegenüber beschreiben?«

»Wofür stehen Sie im Leben?«

»Wie möchten Sie sich anderen oder sich selbst gegenüber verhalten?«

»Welches sind Ihrer Meinung nach Ihre besten Eigenschaften?«

»Wenn Sie sich weitere beste Eigenschaften für Ihre Person aussuchen könnten, welche wären es?«

»Wenn Sie einem Leben, das ganz nach Ihren Wünschen verläuft, einen Filmtitel geben könnten, wie würde er lauten?«

Haben Sie einige Stichworte beisammen? Vielleicht haben Sie sich aus dem Stegreif etwas schwer damit getan. Uns fällt ja manchmal schon die Beantwortung der Frage nicht leicht, was wir heute Abend essen wollen – doch was wirklich wichtig ist im Leben, ist weitaus schwerer zu beantworten. Im besten Fall ist uns das gefühlsmäßig zwar bewusst, klare Antworten sind jedoch meist nicht greifbar. Keine Panik, das ist bloß eine Formulierungsschwierigkeit, die sich wie von selbst gibt, wenn wir einige Beispiele hören. Sehen wir uns also mal ein paar mögliche Werte für unsere Modelle an.

Nadjas Werte

Hand aufs Herz: Die Kindererziehung raubt Nadja manchmal den letzten Nerv. Es ist höchste Eisenbahn, dass sie ihren Fokus vom täglichen Alltagswahnsinn abwendet und sich darauf konzentriert, was sie als Mensch auszeichnet. Warum dreht sie sich nachts nicht einfach auf den Bauch und die Kinder müssen sich eben irgendwie arrangieren? Weshalb geht sie nachmittags auf den Spielplatz und setzt ihren Nachwuchs nicht stundenlang vor den Fernseher?

Nun gibt es natürlich mehrere Möglichkeiten,

diese Fragen zu beantworten. Eine Antwortmöglichkeit lautet: **Liebe**. Nadja drückt durch ihr Verhalten die Liebe zu ihren Kindern aus, da gelebte Liebe für sie bedeutet, die Bedürfnisse der Kinder häufig über ihre eigenen zu stellen. Achtung: Bitte lesen Sie das nicht dogmatisch, als würde das bedeuten, dass Mütter, die ihre Kinder fernsehen lassen, diese nicht lieben. Es geht auch nicht darum, zu definieren, was Liebe ist. Es ist schlichtweg ein *möglicher* Wert von Nadja, der ihr Verhalten für sie persönlich erklärt. Ebenso könnte es Nadja um **Selbstlosigkeit** gehen! **Verantwortung** – auch das könnte ein Wert sein, der die Dreifachmutter motiviert. Sie ist verantwortlich für die Entwicklung ihrer Kinder und hält es daher für geeigneter, abends »Zähne putzen, Pipi machen« vorzulesen, anstatt in ihrem Krimi zu schmökern, auch wenn das für sie total langweilig ist. **Fürsorge** könnte außerdem wesentlich für Nadja sein. Sie möchte eine fürsorgliche Mutter sein, deshalb setzt sie sich mit drei Kindern ins Wartezimmer eines Kinderarztes, auch wenn sie lieber in einem Wellnesshotel gelegen hätte. **Verlässlichkeit** könnte Nadja ebenso wichtig sein, sie ist bedingungslos für ihre Kinder da, obwohl das für sie ständigen Verzicht bedeutet. **Nähe** und **Stabilität**, auch das sind Werte, die zu Nadjas Leben passen und Motivatoren für ihr familiäres Engagement sein könnten. Sehen wir uns das Ganze nun mal für Jenni an.

Jennis Werte

Jenni – unsere viel beschäftigte Ärztin – könnte ganz einfach ihren Job im Krankenhaus kündigen und tagsüber einer geregelteren Arbeit ohne Überstunden nachgehen. Warum setzt sie sich trotzdem dem Klinikalltag aus?

Da wäre zum einen der Kontakt mit den Patienten, der wieder in Richtung **Fürsorge**, aber auch **Mitgefühl** geht. Jenni arbeitet als Ärztin, weil sie das Leiden ihrer Patienten sieht, was wiederum eine Form von Leid in ihr selbst verursacht, und das treibt sie dazu an zu helfen. **Wohlstand** könnte auch ein Wert sein, da sie in diesem Job besser verdient als manch anderer. In einer schönen Wohnung zu leben, sich ansprechende Kleidung zu kaufen, sich Essen nach Hause liefern zu lassen – diesen Luxus genießt sie natürlich, auch wenn für extravagante Urlaube und Aktivitäten keine Zeit bleibt. **Anerkennung** und **Erfolg** sind ebenfalls Werte, die mit ihrer Arbeit als Ärztin verknüpft sein könnten. Das bedeutet ausdrücklich nicht, dass ich der Meinung bin, Menschen in anderen Berufen stünde weniger Anerkennung zu oder sie seien weniger erfolgreich – aber vielleicht ist Jenni dieser Meinung und reicht deshalb keine Kündigung ein. **Wissen** ist auch ein Wert, der sie motivieren könnte, in ihrem Beruf zu bleiben. Als Ärztin muss sie sich ständig fortbilden und auch die praktische Arbeit beschert ihr immer wieder Einsichten über den menschlichen Körper und die Medizin.

Heikes Werte

Hinter Heikes zahlreichen Kursen könnte der Wunsch nach **Selbstfürsorge** stehen, aber auch **Entwicklung**, sowohl in Hinblick auf ihre **Spiritualität** als auch ihre **Körperlichkeit**. Bestimmte Yogastellungen hinzukriegen, das fordert sie physisch und geistig heraus. Darin steckt schon ein nächster möglicher Wert: **Herausforderung**. Heike ist außerdem sehr darum bemüht, ihren Freundeskreis zu pflegen, und **Verbundenheit** ist für sie wichtig, auch ohne Familienwunsch. Keine eigenen Kinder? Klar, **Unabhängigkeit** ist ein Wert, den Heike in vollen Zügen leben möchte, zu jeder Zeit möchte sie ihre **Freiheit** genießen und an entlegene Orte reisen. **Abenteuerlust**, auch das könnte hinter ihren Fernurlauben stecken, fremde Kulturen kennenzulernen, das spricht außerdem für die Werte **Offenheit** und **Neugier**, die sie auch exotische Gerichte ausprobieren lassen und sie dazu bringen, sich Fastenkuren anzuschließen. Vergessen wir außerdem nicht, wodurch Heike Millionärin geworden ist: Ihre **Kreativität** und **Innovation** bescherten ihr letztlich den Einfall mit der Yogamatte samt integrierter Klangschale.

Ihre Werte

Vielleicht konnten Sie sich in Nadjas, Jennis oder Heikes Leben bereits wiederfinden und ein paar Werte für sich entdecken. Es gibt jedoch ein ganzes Arsenal weiterer Möglichkeiten, den Sinn hinter Ihrem Tun zu benennen. Im Folgenden finden Sie daher eine Liste mit Werten, inklusive der bereits für unsere Modelle aufgeführten. Ihre Aufgabe ist es, die fünf Begriffe einzukreisen, die zu Ihrer Selbstverwirklichung am ehesten passen – oder es zukünftig tun sollen. Am besten gehen Sie dabei schrittweise vor: Unterstreichen Sie zunächst zwanzig Begriffe, die Sie auf Anhieb ansprechen. Dann reduzieren Sie diese zwanzig Werte, indem Sie zehn durchstreichen, die Ihnen vielleicht wichtig, aber nicht wesentlich sind. Lesen Sie sich Ihre übrig gebliebenen zehn Werte aufmerksam durch. Machen Sie vielleicht sogar ein Päuschen und tun etwas vollkommen anderes. Schließlich schauen Sie sich Ihre bisherige Auswahl noch einmal an und reduzieren sie – durch Einkreisen – auf fünf. Falls es sechs oder sieben bleiben, ist das auch vollkommen in Ordnung. Wenn Sie Ihre Werte auf fünf Stück eingrenzen, bedeutet das natürlich auch nicht, dass Ihnen der Rest nun egal ist – aber sich wirklich auf wenige Kernwerte zu fokussieren und unser Wertesystem zu vereinfachen, ist durchaus Teil dieser Übung. Na dann, los:

Liebe Verantwortung Fürsorge Verlässlichkeit Nähe Stabilität Mitgefühl Wohlstand Erfolg Wissen Selbstfürsorge Spiritualität Entwicklung Körperlichkeit Herausforderung Verbundenheit Unabhängigkeit Freiheit Abenteuer Kreativität Fitness Akzeptanz Balance Gemütlichkeit Effizienz Engagement Einfachheit Fle-

xibilität Großzügigkeit Zufriedenheit Hilfsbereitschaft Humor Intuition Loyalität Leidenschaft Achtsamkeit Natürlichkeit Nachhaltigkeit Respekt Gerechtigkeit Schönheit Selbstständigkeit Dankbarkeit Vertrauen Toleranz Tradition Muße Sicherheit Bescheidenheit Unterhaltung

Spüren Sie für einen Moment die Wirkung, die es auf Sie hat, die fünf Werte, die in diesem Leben für Sie zählen, klar vor Augen zu haben. Das sind sie. Diese Eigenschaften sind die Grundlage Ihres Handelns, Ihre Motivation, Ihr persönliches Warum, wenn es darum geht, sich auch schwierigen Situationen zu stellen, die Herausforderungen des Alltags zu meistern. Um für diese Werte einzustehen, geraten Sie sogar manchmal – oder häufig – in Stress. Jetzt gilt es, vor allem eines zu tun: Halten Sie an Ihren Werten fest. Wenn Sie sich täglich kraftvoll und erholt fühlen möchten, denken Sie daran, wie wertvoll Ihr Alltag ist.

Im Folgenden stelle ich Ihnen einige Techniken vor, wie das Im-Kopf-Behalten Ihrer Werte am besten funktioniert:

1. Werden Sie der Autor Ihres Lebens

Schreiben Sie Ihre eigene Geschichte auf, ähnlich wie ich es für Nadja, Heike und Jenni getan habe. Erstellen Sie dafür eine Liste der Aktivitäten, die sich (in der Regel) täglich wiederholen, und ordnen Sie diese jeweils Ihren Werten zu. Beginnen Sie zum Beispiel mit:

Ich gehe morgens zur Arbeit, weil mir Verlässlichkeit wichtig ist und ich Wohlstand genieße. Ich pflege den Kontakt zu meinen Eltern, weil für mich Fürsorge, Respekt und Verbundenheit wesentlich sind. Am Wochenende gucke ich stundenlang Serien, weil ich mich der Muße und Unterhaltung hingeben möchte.

Wenn Ihnen das schwerfällt, können Sie das Pferd auch von hinten aufzäumen: Überlegen Sie sich Aktivitäten für Ihre Werte! Diese Übung hilft auch dabei, Tätigkeiten in Ihrem Alltag zu entdecken, die vielleicht *nicht* mit Ihren Werten übereinstimmen. Nehmen Sie das als Einladung, um mal zu hinterfragen, warum Sie diese Unternehmungen überhaupt machen. Können Sie sie vielleicht komplett weglassen, durch etwas anderes ersetzen oder so verändern, dass sie zu Ihren Werten passen? Experimentieren Sie, Sie werden über Ihr verändertes Lebensgefühl staunen!

2. Das Werte-Mantra

Wiederholen Sie Ihre fünf Werte wie ein Mantra, mindestens morgens und abends, am besten auch zwischendurch, wann immer es Ihnen in den Sinn kommt.

3. Visueller Reminder

Schreiben Sie sich Ihre Werte auf ein Papier und platzieren Sie diesen Zettel strategisch gut – zum Beispiel an Ihrem Arbeitsplatz, im Kinderzimmer, im Auto, im Portemonnaie oder in Augenhöhe gegenüber der Toilette.

4. Stress Reminder
Nutzen Sie das Gefühl, dass Sie gestresst sind, als Erinnerung für Ihre Werte. Warum bringen Sie sich denn in diese anstrengende Situation? Höchstwahrscheinlich, weil es einem Ihrer Werte entspricht.

5. Technischer Support
Erstellen Sie sich ein Wallpaper mit allen fünf Werten für Ihr Handy und speichern Sie es als Hintergrund oder benutzen Sie es als Bildschirmschoner für den Computer.

Warum Selbstbestimmung so wichtig ist, Teil zwei: Ziele

Sich im Alltag mit seinen eigenen Werten zu identifizieren, zu entdecken, dass wir im Grunde permanent selbstbestimmt leben, ist erholsam, da es uns unmittelbar erfüllt und vom quälenden Drang nach mehr Zeit für Selbstverwirklichung befreit. Doch es gibt noch einen weiteren Grund, warum es erholsam wirkt, selbstbestimmt zu handeln: Das Erreichen von selbst gesteckten Zielen weckt in uns das Gefühl, unser Leben kontrollieren zu können.

Erst wenn wir nicht mehr tun, was andere uns sagen, oder nicht mehr nur die Bedürfnisse unserer Mitmenschen befriedigen, können wir uns selbst Ziele setzen und diese erreichen. Selbstbestimmt Ziele zu erreichen, fördert unsere Selbstwirksamkeitserwartung – und das gibt Power! Zu erleben, dass wir das, was wir uns vorgenommen haben, auch erreichen können, schenkt uns die Kraft, die wir brauchen, um neue Projekte zu initiieren, erfolgreich zu sein und jeden Morgen motiviert aus dem Bett zu hüpfen.

»Yes, we can!«, der Wahlkampf-Slogan von Barack Obama, war ein direkter Appell an unsere Selbstwirksamkeitserwartung. Wir können etwas verändern – welche Annahme könnte größeren Enthusiasmus erzeugen? Kaum verwunderlich, dass zahlreiche Studien den Zusammenhang zwischen Selbstwirksamkeitserwartung, Karriereentwicklung und erreichter Leistung belegen. Eng mit der Selbstwirksamkeitserwartung verbunden sind außerdem die psychologischen Begriffe – pardon, ich meine natürlich Strandschätze – Kontrollüberzeugung und Resilienz. Wenn Ihnen also das nächste Mal jemand vorwirft, Sie seien ein totaler Kontrollfreak, antworten Sie bitte stolz mit: »Yes, I am!« Der Glaube an die eigene Kontrolle, an die eigene Macht, wenn Sie so wollen, ist absolut essenziell, um sich ein erfülltes Leben aufzubauen. Wenn wir beispielsweise glauben, nichts für unsere Gesundheit tun zu können, wird unsere Lebensqualität unter dieser Annahme leiden, wir werden wahrscheinlich sehr ungesund essen, keinen Sport treiben, rauchen, trinken und so weiter. Glücklicherweise funktioniert es andersrum genauso. Wenn wir eine hohe Selbstwirksamkeitserwartung haben, können wir unser körperliches und geistiges Wohlsein steigern. Wir werden dann selbst für unsere Gesundheit tätig, weil wir der festen Überzeugung sind, sie beeinflussen zu können.

Ich weiß, dass Sie bereits über ein gutes Maß an Selbstwirksamkeitserwartung verfügen, andernfalls würden Sie dieses Buch kaum lesen. Und Sie haben selbstverständlich recht: Sie *können* Ihr Erholungserleben durch eigene Initiative enorm verändern. Die Dinge sind nicht so, wie sie sind. Sie sind den äußeren Umständen nicht hilflos ausgeliefert. Vielleicht ist Ihnen schon einmal das Wort Resilienz begegnet, es meint unsere psychische Widerstandskraft, die Fähigkeit, sich trotz schwieriger Lebensumstände positiv zu entwickeln. Selbstwirksamkeitserwartung ist ein wichtiger Faktor der Resilienz, und es wirkt ganzheitlich, wenn man sich um ihre Stärkung bemüht. Um das zu tun, müssen Sie sich bloß Ziele setzen und diese erreichen.

Machen Sie es smart

Oft haben wir viele Dinge gleichzeitig im Kopf, wir wollen irgendwann noch die Küche aufräumen oder einen Termin beim Hautarzt vereinbaren, wir haben Pläne für die kommenden Tage, Wochen, vielleicht sogar Jahre.

Doch wissen Sie, wie Sie sich psychologisch optimal Ziele setzen? Sie machen es SMART! Diese Buchstaben stehen für:

S wie spezifisch
M wie messbar
A wie attraktiv
R wie realistisch
T wie terminiert

Gehen wir das kurz durch. Stellen Sie sich dafür vor, Sie möchten gerne wieder mehr lesen.

Spezifisch wird dieses Ziel erst dann, wenn Sie es viel genauer benennen, zum Beispiel entscheiden Sie sich zunächst dafür, mit dem Lesen eines ganz bestimmten Buchs zu beginnen, das schon lange auf Ihrem Nachttisch liegt. Beginnen bedeutet für Sie, das erste Kapitel zu lesen.

Dieses Ziel ist **messbar**, indem es beobachtbar ist. Das ist bei unserem Beispiel der Fall, Sie und theoretisch sogar andere können ganz genau nachvollziehen, ob Sie tatsächlich bis ans Ende des ersten Kapitels vorgedrungen sind.

Ihr Ziel sollte außerdem **attraktiv** für Sie sein. Die Vorstellung, die Lektüre endlich kennenzulernen, erfüllt dieses Kriterium für Sie.

Gleichzeitig sollten Sie aber **realistisch** bleiben. Sich vorzunehmen, den ganzen Wälzer in einem Rutsch durchzulesen, obwohl Sie noch einkaufen und kochen müssen, klappt wahrscheinlich nicht. Das erste Kapitel reicht also vollkommen. **Terminiert** bedeutet nun, nicht bloß darüber nachzudenken, dass Sie so gerne mal wieder etwas lesen möchten, sondern einen klaren Termin oder ein Startdatum zu wählen. Sie lesen dieses erste Kapitel also zum Beispiel morgen nach der Arbeit, fünfzehn Minuten nachdem Sie nach Hause gekommen sind. Wenn es um mehr Sport und Diäten geht, ist auch der nächste Montag sehr beliebt, oftmals macht es sogar Sinn, eine ganz genaue Uhrzeit festzulegen: Ich gehe am Montag um 17 Uhr für eine Stunde zum Sport, ich beginne am Mittwoch um 9 Uhr mit der Steuererklärung, die ich bis 12 Uhr erledigt haben will, ich werde heute um 20 Uhr eine halbe Stunde lang meditieren.

Das klingt alles ziemlich smart, oder? Die Idee in Forschung und Praxis ist nun folgende: Durch das Erreichen eines Ziels steigern Sie Ihre Selbstwirksamkeitserwartung und das schenkt Ihnen neue Kraft. Erinnern Sie sich bloß an dieses wohlige Power-Gefühl, wenn etwas gelingt, das Sie sich in den Kopf gesetzt haben. Man will sofort ein neues Ziel erreichen, weitermachen, Sie haben – ganz aus sich selbst heraus – neue Energie getankt. Was würde wohl passieren, wenn Sie sich öfter bewusst Ziele in den Kopf setzen? Tun Sie es doch einfach. Geben Sie sich die Chance, sich als erfolgreich und selbstwirksam zu erleben und Ihre Resilienz zu stärken. Es geht dabei nicht wie bei den Mastery-Erlebnissen darum, dass Sie sich eine herausfordernde Tätigkeit suchen sollen, die anstrengend ist oder Überwindung kostet, ein Ziel kann auch darin bestehen, sich eine bestimmte Zeitschrift, die Sie früher so gern gelesen haben, zu kaufen. Trotzdem schließen sich Mastery-Erlebnisse und SMART-Ziele natürlich nicht aus, im Gegenteil! Wie wir noch sehen werden, gibt es sogar Aktivitäten, die alle vier Bausteine der Erholung vereinen.

Als Abschluss dieses Abschnitts empfehle ich folgende Übung: Setzen Sie sich noch für den heutigen Tag ein SMART-Ziel und schöpfen Sie dadurch etwas von Ihrer eigenen Kraft.

Werte oder Ziele

Zum Baustein Selbstbestimmung habe ich Ihnen, ähnlich wie beim Abstandnehmen von Stressgedanken, zwei mögliche Techniken präsentiert. Das verwirrt Sie vielleicht und Sie fragen sich: Was denn nun? Soll ich mich jetzt auf meine Werte besinnen oder mir Ziele setzen?

Sie müssen sich das wie bei einer Sonnencreme vorstellen, die in der Werbung angepriesen wird: Der Wirkstoff A bildet einen physikalischen Schutz, der das Sonnenlicht reflektiert, Wirkstoff B bildet einen Schutzfilm, der Sonneneinstrahlung in harmlose Wärme umwandelt. Beide sind effektiv.

Genauso, wie Sie sich für Flow oder Kognitive Defusion entscheiden können, wenn Sie Abstand vom Gedankenfluss brauchen, stehen Ihnen hier Werte und Ziele zur Wahl. Wie in meinem Ziele-Beispiel aber deutlich geworden ist, lassen sich Werte und Ziele natürlich kombinieren, und das ist letztendlich der Königsweg zum Strand. Warum?

Wahrscheinlich kennen Sie Menschen oder sind gar

selbst jemand, der ständig neuen Zielen hinterherjagt. Wir alle sind wohl bis zu einem gewissen Grad süchtig nach Bestätigung, Erfolg und Anerkennung und wollen uns selbst oder anderen etwas beweisen. Ein Ziel zu erreichen beschert uns ein tolles Hochgefühl und viel Kraft. Aber wenn wir »leere« Ziele verfolgen, wird uns das nicht lange zufriedenstellen. Das ist im Grunde in Ordnung, im Sinne der Erholung kann dieses Getriebensein aber auch als Stressauslöser wirken. »Leer« ist ein Ziel immer dann, wenn eben kein konkreter Wert hinter unserer Motivation steht. Wenn Sie zum Beispiel darauf aus sind, eine hohe Summe Geld zu verdienen, dieses Ziel erreichen, es Ihnen aber nicht die gewünschte langfristige Erfüllung beschert – dann steht das Geld wahrscheinlich mit keinem Ihrer Werte in Verbindung. Das könnte aber durchaus der Fall sein, wenn Sie sich von dem Geld mit dem Gedanken an Selbstfürsorge oder Abenteuerlust einen längeren Urlaub gönnen wollen oder Ihrer Verantwortung Rechnung tragen und Ihren Kindern damit ein Studium ermöglichen möchten. Dann macht Geld Sinn. Und dann gibt es notfalls auch alternative Wege, um diesen Werten (Selbstfürsorge, Abenteuerlust, Verantwortung) in kleinerem Rahmen Ausdruck zu verleihen, und Sie fallen in kein Loch, wenn Sie die Geldsumme nicht bekommen oder sie wieder verlieren.

Werden Sie sich also zunächst Ihrer Werte bewusst, um dann entsprechend Ihre Ziele zu setzen, zu hinterfragen und gegebenenfalls zu verändern. Wertvolle Ziele, das hört sich jetzt ziemlich tiefsinnig an, aber auch wenn Sie sich die schon erwähnte Zeitschrift am Kiosk kaufen, tun Sie etwas für Ihre Selbstfürsorge.

Konkrete Ziele sind allerdings auch eine Zeitfrage. Wenn ich an Nadja und ihre drei Kinder denke, ist es im Alltag vielleicht eher möglich, sich durch das, was sie ohnehin tut, mit ihren Werten zu verbinden, als sich sonderlich viele zusätzliche Ziele zu setzen.

Wie sieht es in Ihrem Alltag aus? Selbstverständlich ist es auch erlaubt, ja sogar erwünscht, dass Sie sich eigene Ziele hinsichtlich Ihrer Arbeit oder in Zusammenhang mit Ihrer Familie setzen: Sich im Mittagsmeeting ungefragt zu Wort melden, sich vornehmen, im Sinne der Gemeinschaft mit den Kindern den Tisch zu decken, den heutigen Umsatz in der Firma steigern, aufräumen, es pünktlich zum Fußballtraining schaffen, den Herd schrubben – was immer Sie zum SMART-Ziel machen können, tun Sie es. Ihren Alltag zur Kraftquelle umzufunktionieren, genau darum geht es. Die zentralen Sätze dieses Kapitels lauten:

Erholung erfordert Selbstbestimmung.

Selbstbestimmung ist jederzeit durch die Verbindung mit unseren Werten oder das Erreichen von Zielen möglich.

~

Kapitel 8

Der vierte Erholungsbaustein: Entspannung

Strandwege

Der vierte und damit letzte Baustein der Erholung lautet: Entspannung! Wir werden uns in diesem Kapitel so richtig locker machen und die Seele baumeln lassen. Das würden Sie im Alltag bestimmt auch gerne häufiger tun, aber wie klappt das eigentlich genau mit der Entspannung?

Genauso wie es entlang einer Promenade meistens mehrere Pfade zum Strand gibt, existieren auch verschiedene Wege zur Entspannung. Grundsätzlich sind es zwei Routen, zwischen denen Sie wählen können: die Körper-Route und die Geist-Route.

Erinnern Sie sich bitte noch einmal an Ihren strengen Chef Herrn Furchtbar aus unserem Stress-Kapitel. Sobald dieser Typ ins Büro kommt, flippen Sie innerlich total aus, Ihre Gedanken überschlagen sich geradezu vor Nervosität, deshalb zeigt auch Ihr Körper alle möglichen Stressreaktionen. Bei Ihrer neuen Kollegin ist das wie gesagt ganz anders, die bleibt seelenruhig an Ihrem Schreibtisch sitzen und pfeift sich ein Liedchen. Ihr fehlt einfach die Erfahrung mit Herrn Furchtbar, sie ist vollkommen unvoreingenommen oder hält ihn sogar rein optisch erst mal für einen sympathischen Kauz. Ein anderer Kollege kann mit Herrn Furchtbars furchtbarer Art vielleicht supergut umgehen und ist nicht die Bohne ängstlich, er sieht die täglichen Scherereien mit dem Chef eventuell sogar als Ansporn oder Herausforderung. Der Punkt, auf den ich zu sprechen kommen will, ist: Der Stress, den Herr Furchtbar bei Ihnen auslöst, geht von Ihrem Kopf aus. Nicht die äußeren Umstände stressen Sie, es sind Ihre Gedanken. Was hat das mit Entspannung zu tun? Ganz einfach: Wenn Ihre Gedanken zur Ruhe kommen, bleibt auch Ihr Körper entspannt. Weniger Stressgedanken, weniger Stressreaktionen. Das ist die Geist-Route zur Entspannung.

Die andere Variante lautet: Wenn Sie Ihren Körper entspannen, beruhigen sich auch Ihre Gedanken. Weniger körperliche Spannung, weniger Stress. Das ist die Körper-Route. Wir sehen uns diese beiden Ansätze gleich noch etwas genauer an, doch wissen Sie, was wir vorher machen? Ganz genau: unsere kleine Bestandsaufnahme, Klappe, die letzte!

So sieht's aus

Jetzt komme ich mir schon etwas doof vor, die Fragebogen-Anleitung zu wiederholen, aber da ich nicht weiß, in welchen Zeitabständen Sie dieses Buch lesen, hier noch einmal: Bitte bewerten Sie die folgenden Aussagen, für jede Zustimmung zählen Sie zwei Punkte, für jede Ablehnung null Punkte. Einmal dürfen Sie auch die Antwort »geht so« vergeben und mit einem Punkt bewerten. Zählen Sie anschließend alle Punkte zusammen.

1. Während meiner Freizeit nehme ich mir Zeit für Muße.
2. Am Wochenende lasse ich die Seele baumeln.
3. Nach Feierabend nutze ich die Zeit zum Relaxen.
4. Wenn ich Zeit für mich habe, unternehme ich Dinge, bei denen ich entspannen kann.

Herzlichen Glückwunsch! Nun haben Sie die Aussagen zu allen vier Bausteinen der Erholung bewertet und damit für jede Erholungskomponente einen sogenannten Score. Natürlich ist diese Zahl nicht als absolute Wahrheit zu betrachten – vielleicht haben Ihnen die Fragen auch einfach nicht gefallen und Sie haben diesen Teil übersprungen –, aber wenn Sie jetzt die Ergebnisse noch einmal insgesamt betrachten, ergibt sich ein zumindest interessantes Bild. Welcher Erholungsbaustein ist Ihr Highscore? In welchem punkten Sie am wenigsten? Schreiben Sie nun bitte alle vier

Erholungsbausteine untereinander, ganz oben steht der Baustein mit der höchsten Punktzahl und unten der niedrigste Wert. Wir werden später noch einmal auf dieses Ranking zurückkommen.

Let's talk about sex

Um Sie ganz anschaulich in die Körper-Route einzuführen (dauernd diese Wortwitze, das geschieht wirklich nicht mit Absicht!), sprechen wir als Erstes über Sex. Doch nicht nur das: Wir koppeln die Sexgeschichte an eine kleine Wiederholung in Sachen Nervensysteme. Sie erinnern sich bestimmt noch an den Parasympathikus und den Sympathikus, die beiden Hauptkomponenten des autonomen Nervensystems. Der Parasympathikus ist für unseren Ruhezustand verantwortlich (P wie Pause), der Sympathikus für Erregungszustände (S wie Stress). Es gibt wohl kein anderes Ereignis, bei dem sich die Aktivität von Parasympathikus und Sympathikus so rasch abwechselt, wie beim Orgasmus. Gerade noch hat der Sympathikus den Körper während des Geschlechtsaktes (ein schrecklich witziges Wort, weil es so klingt, als würden die Genitalien eine Art Theaterstück aufführen) mit den »Stresshormonen« Adrenalin und Noradrenalin vollgepumpt, das Herz schlägt in hoher Geschwindigkeit, der Atem geht schnell – da löst sich die ganze Spannung mit einem Mal in rhythmischen Muskelzuckungen und einem wohligen Gefühl auf, der

Parasympathikus übernimmt die Steuerung und sorgt für die Ausschüttung der »Ruhehormone« Oxytocin und Prolaktin. Dieser schnelle und extreme Wechsel kann sogar das Aussetzen des ein oder anderen Herzschlags verursachen, ganz so, als hätte der Parasympathikus seinen Einsatz für einen Augenblick verpasst, während der Sympathikus schon abgedankt hat. Die Folge eines Orgasmus ist: absolute körperliche Entspannung. Die Ruhe nach dem Sturm. Das erklärt womöglich auch das blitzartige Einschlafen Ihres Partners nach dem Sex. Nach dieser etwas reißerischen Einführung fragen Sie sich womöglich, welche Schlüsse Sie daraus für diesen Baustein der Erholung ziehen können. Ich verrate es Ihnen: Der Parasympathikus wird auch Erholungsnerv genannt! Echt wahr! Wenn wir also lernen, ihn gezielt einzusetzen – und dabei müssen Sie nicht auf Ihren nächsten Orgasmus warten –, können wir uns wie auf Knopfdruck körperlich und geistig erholen.

Gewusst wie

Parasympathikus und Sympathikus sind Teile des autonomen Nervensystems. Dieses Nervensystem wird deshalb als autonom bezeichnet, weil es ohne unser Zutun funktioniert: Unsere Organtätigkeiten laufen ganz bequem automatisch ab, Sie müssen sich nicht um Ihren Herzschlag, die Insulinausschüttung, die Verdauung und so weiter kümmern. Nun gibt es aber Organe, die sowohl vom autonomen Nervensystem als auch vom somatischen Nervensystem gesteuert werden. Das klingt kompliziert – was ist denn das somatische Nervensystem nun schon wieder? Einfach erklärt: Es erlaubt uns eine bewusste Steuerung, zum Beispiel die unserer Muskelaktivität. Zwei kleine Übungen zur Verdeutlichung.

Übung eins: Heben Sie bitte mal Ihren rechten Arm in Schulterhöhe.

Geschafft? Super, Sie können ihn wieder sinken lassen.

Und nun zur Übung 2: Produzieren Sie bitte ein wenig Magensäure.

Gesagt, getan? Das entzieht sich natürlich Ihrer Kenntnis. Das Heben Ihres Arms unterliegt nämlich dem somatischen Nervensystem, die Magensäureproduktion dem autonomen. Damit zurück zu einem Organ-Sonderfall, an dem beide Nervensysteme beteiligt sind: unsere Lunge. Unsere Atmung ist eine der wenigen organischen Aktivitäten, die wir bewusst beeinflussen können, die aber auch automatisch abläuft. Ich will es noch etwas zugespitzter formulieren: Unsere Atmung ist unsere Chance, auf den Parasympathikus-Knopf zu drücken, den Erholungsnerv zu aktivieren, uns zum Strand in unserem Kopf zu beamen. Wenn Ihr Parasympathikus aktiv ist, atmen Sie regelmäßig und tief, andersherum wird Ihr Parasympathikus aktiviert, wenn Sie regelmäßig und tief atmen, verstehen Sie? Das ist der Schlüssel – natürlich gibt es einige weitere Atemtricks, die Ihren Sympathikus »ausschalten« und den Parasympathikus »anschalten«.

Ich muss Ihnen gestehen, dass mir die Atmung lange Zeit ziemlich egal war. Natürlich war die Tatsache, dass ich atme, grundsätzlich toll, aber den Atem als Instrument zu gebrauchen, hatte ich nie ganz verstanden, bis ich die Sache mit dem Einfluss auf den Parasympathikus durchblickte und viele, viele Studien las, die die wohltuende Wirksamkeit bestimmter Atemtechniken auf unseren Körper und unsere Psyche belegen. Wir setzen durch die Kontrolle des Atems physiologische Mechanismen in Gang, die nicht nur Ruhe in den Körper, sondern auch in unseren Geist bringen. Ich lernte Atemtechniken kennen, die es wirklich in sich haben und die ich daher täglich praktiziere. In den nächsten Abschnitten möchte ich Ihnen einige davon vorstellen und Sie dazu ermuntern, sie selbst auszuprobieren.

1. Vollatmung

Als Erstes möchte ich Sie bitten, Ihr autonomes Nervensystem mal bewusst in Aktion zu erleben. Setzen Sie sich (das gilt auch für alle kommenden Atemtechniken) mit geradem Rücken hin, damit Ihre Organe schön viel Platz haben. Atmen Sie nun mit aller Kraft aus und drücken aktiv sämtliche Luft aus Ihren Atemwegen. Raus damit! Ziehen Sie fest Ihren Bauch ein, auch Ihr Brustkorb wölbt sich etwas nach innen. Und nun warten Sie mal ab, was passiert. Herrlich, oder? Plötzlich strömt wie von Zauberhand wieder Luft in Ihre Atemwege! Das autonome Nervensystem macht seinen Job vierundzwanzig Stunden am Tag wirklich fabelhaft. Atmen Sie nun noch einige Atemzüge lang ganz natürlich, wie auch immer Ihr Körper es gerade braucht. Dann wenden wir uns dem somatischen Nervensystem zu und steuern unseren Atem hin zur Vollatmung. Das geschieht in vier Schritten.

1. Nehmen Sie über die Nase drei tiefe Atemzüge in Ihren Unterleib. Der Bereich unter Ihrem Bauchnabel wird dabei kugelig, als würden Sie einen inneren Luftballon aufpusten.
2. Nehmen Sie nun drei tiefe Atemzüge in Ihre Flanken, das heißt, Ihre Rippenbögen weiten sich deutlich zur Seite, als würden Sie Ihr T-Shirt seitlich sprengen wollen.
3. Jetzt atmen Sie, so tief Sie können, in Ihren oberen Brustkorb, als würde Ihr Brustbein bis zum Kinn wachsen wollen – auch das dreimal.
4. Verbinden Sie nun Bauch-, Flanken- und Brustatmung miteinander. Zuerst strömt die Luft in Ihren Bauch, dann in die Seiten, dann in den oberen Brustkorb. Lassen Sie anschließend die Luft wieder ganz natürlich entweichen. Das ist die Vollatmung. Gönnen Sie sich drei dieser tiefen und entspannenden Atemzüge.

2. Die 4–7–8-Technik

Sind Sie noch wach? Es ist gut möglich, dass Sie die Vollatmung oder eine unserer weiteren Atemübungen derart entspannt, dass Sie sehr müde werden. Keine

Sorge, dann machen Sie alles richtig. Kommen wir nun zur nächsten Übung, sie heißt 4–7–8. Betrachten Sie diese Zahlen doch wie einen PIN-Code zur Erholung. Diese Atemübung entstammt der Yoga-Tradition, wurde aber in den letzten Jahren vor allem von dem US-Mediziner Andrew Weil als bombensichere Einschlaftechnik bekannt gemacht. Dieses Mal sind es drei Schritte:

1. Atmen Sie durch die Nase ein und zählen Sie dabei bis vier. In etwa im Sekundentakt, aber Sie müssen keinesfalls dabei auf die Uhr sehen, Pi mal Daumen reicht.
2. Halten Sie Ihren Atem an und zählen Sie dabei bis 7. Wieder im ungefähren Sekundentakt.
3. Legen Sie nun die Zunge an den Gaumen, unmittelbar hinter die Schneidezähne und atmen Sie durch den Mund aus, und zwar so, dass Sie den Atem im Rachen leicht verengen, als würden Sie einen Spiegel anhauchen. Zählen Sie dabei im selben Rhythmus bis acht.

Dieser Atemtechnik sollten Sie sich vier Atemzüge lang widmen. Durch das lange Anhalten des Atems wird die Sauerstoffaufnahme ins Blut gefördert.

3. Nadi Shodana

Kommen wir zur sogenannten Wechselatmung. Der seltsame Name verrät es bereits: Die Yogis haben es wirklich drauf mit dem Atmen!

Für diese Übung brauchen Sie Ihre rechte Hand. Klappen Sie bitte Zeigefinger und Mittelfinger ein und legen Sie Ihren Daumen an den rechten Nasenflügel und Ihren Ringfinger an den linken Nasenflügel. Jetzt drücken Sie mit dem Daumen Ihr Nasenloch leicht zu, sodass Sie nur noch durchs linke Nasenloch ein- und ausatmen. Nehmen Sie einen Atemzug. Dann halten Sie mit dem Ringfinger das linke Nasenloch geschlossen und öffnen das rechte, durch das Sie nun einen Atemzug genießen. Insgesamt wechseln Sie achtmal. Das bedeutet: vier Atemzüge nur mit dem rechten Nasenloch und vier mit dem linken atmen.

Diese Übung hat weniger einen einschläfernden Effekt, sie wirkt eher ausgleichend und die yogische Idee dahinter ist, dass Ihr Energiefluss wieder geradegerückt wird. Einziger Nachteil: Sie ist selbst bei leichtem Schnupfen nur sehr schwer zu praktizieren – ich spreche aus Erfahrung.

4. Kreise ziehen

Beim Kreiseziehen verbinden Sie eine leichte Körperübung mit einer Atemübung. Stehen Sie dafür etwa hüftbreit und sehen Sie zu Ihrer rechten Hand hinunter. Jetzt beginnen Sie den Arm in einem großen Kreis nach vorne und oben zu bewegen, dabei atmen Sie ein und Ihr Blick verfolgt die ganze Zeit Ihre Hand. Wenn Ihr Arm senkrecht nach oben steht, wandert er weiter nach hinten und Sie beginnen auszuatmen, bis Ihr Arm wieder unten in seiner Ausgangsposition angekommen ist. Vergessen Sie auch dabei nicht, Ihrer

Hand hinterherzusehen! Ihr Körper macht natürlicherweise eine leichte Drehung, wenn Ihr Arm nach hinten geht, das ist in Ordnung, versuchen Sie Ihren Körper ruhig richtig nach hinten aufzudrehen. Ziehen Sie drei dieser Kreise mit dem rechten Arm, dann drei Armkreise links. Führen Sie die Bewegungen langsam und bedächtig aus.

5. Singen

Mal eine seltsame Frage: Haben Sie schon einmal bemerkt, dass Sie nur beim Ausatmen sprechen? Versuchen Sie mal beim Einatmen einen Satz zu sagen. Okay, das geht schon irgendwie, aber es hört sich wirklich schräg an und ist normalerweise nicht die Art, wie Sie reden. Auf ganz natürliche Weise regelt sich unsere Atmung so, dass wir problemlos Satz für Satz herausbringen können. Wenn es nun darum geht, unsere Atmung zu verlängern, um den Parasympathikus zu aktivieren, können wir uns das Singen zunutze machen. Wenn wir singen, verlängert sich unser Atem ganz automatisch. Es ist fast, als würden wir noch möglichst viele Zeilen in einer Ausatmung unterbringen wollen, um den Rhythmus zu halten. Zudem hat Singen noch weitere gesundheitsfördernde Wirkungen, wie die Steigerung der Immunkompetenz oder die Erhöhung der Aufmerksamkeit. Sie sollten es daher definitiv als Entspannungsmethode ausprobieren – am besten täglich. Ob sich das schön anhört oder nicht, ist Ihrem Parasympathikus übrigens wirklich egal!

6. Ausnahmefall: Progressive Muskelrelaxation

Diese Entspannungstechnik bezieht sich nicht auf den Atem, sondern auf die gesamte Körpermuskulatur, die Sie mittels des somatischen Nervensystems willentlich bedienen können. Sie stammt von dem US-amerikanischen Arzt Edmund Jacobson. Wie auch bei unseren Atemübungen ist die Wirksamkeit der Progressiven Muskelrelaxation, man könnte es auch als »häppchenweise Körperentspannung« bezeichnen, bestens belegt, sogar bis in medizinische Details, wie die Reduktion des Cortisols im Blut. Progressive Muskelrelaxation ist jedoch nicht nur effektiv, sondern auch sehr simpel, und das Beste daran ist: Sie sollten dabei zunächst liegen. Ich sage »zunächst«, weil die langfristige Idee hinter dieser Technik ist, dass Sie ein Gefühl für Muskelspannung und -entspannung bekommen und Sie die Übung auch in Ihrem Alltag (der wahrscheinlich größtenteils nicht liegend stattfindet) ausführen können, um Anspannungen aufzulösen. Nun zum eigentlichen Vorgehen: Sie liegen also auf dem Rücken und beginnen nun, von unten nach oben verschiedene Muskelgruppen mit aller Kraft anzuspannen und wieder zu entspannen. Durch dieses Vorgehen fällt die Muskelspannung unter das Normalniveau. Die Spannung sollten Sie pro Muskelgruppe etwa 7 Sekunden lang halten, die folgende Entspannung sollte 30 Sekunden andauern. Sie können entweder die Sekunden (ungefähr) selbst zählen, sehr unterstützend sind dabei laut tickende Wecker oder Wanduhren, oder Sie stellen sich eine Stoppuhr mit entsprechenden Intervallen. Die Muskelgruppen lauten:

Füße und Unterschenkel
Oberschenkel
Gesäß
Bauch
Rücken und Schultern
Arme und Hände
Gesicht

Spannen Sie diese Muskelgruppen nacheinander wirklich so stark an, wie es Ihnen möglich ist, das heißt zum Beispiel, dass Sie eine feste Faust machen, wenn Ihre Hände an der Reihe sind, und dass Ihr Gesicht bei der Anspannung aussieht, als hätten Sie in eine Zitrone gebissen. Wichtig ist, dass Sie den Atem dabei nicht anhalten, sondern kontinuierlich und natürlich weiteratmen. Wenn Sie mit allen Muskelgruppen durch sind, spannen Sie noch einmal für 7 Sekunden Ihren ganzen Körper an und dann – loslassen. Falls es Ihnen gerade möglich ist zu liegen, probieren Sie es gleich einmal aus!

Die Geist-Route

Wir haben uns nun ausgiebig damit beschäftigt, wie wir uns mithilfe unseres Körpers entspannen können, indem wir den Parasympathikus über den Atem aktivieren oder unsere Muskeln zur Entspannung nutzen. Kommen wir damit zur nächsten Variante, bei der wir nicht primär unseren Körper als Hilfsmittel zur Entspannung benutzen, sondern unsere Gedanken. Ich möchte vorab ganz klar sagen, dass im Folgenden nicht von Meditation die Rede sein wird. Meditation ist eine Technik, bei der wir mithilfe unseres Geistes die Inhalte unseres Geistes und Vorgänge in uns wahrnehmen – ohne sie zu verändern. Diese bloße Wahrnehmung kennen Sie schon von der Kognitiven Defusion: Wenn Sie Ihren Gedankenstrom verfolgen, während Sie selbst am Ufer sitzen. Dieses Zuschauen kann sehr entspannend wirken, das ist aber nicht der Zweck der Übung. Meditation kann nämlich unsere (teils sehr unangenehmen) Emotionen und Gedanken durchaus auch noch verstärken oder überhaupt erst zum Vorschein bringen. Ja, wir laden sie während der Meditation geradezu dazu ein, sich zu zeigen.

Jetzt haben Sie vollkommen recht, dass wir im Alltag aber auch mit Begriffen wie »Entspannungsmeditation« konfrontiert werden – was ist denn das nun schon wieder? Ich sage es Ihnen: Es ist nichts weiter als eine Vermischung von Begriffen. Im allgemeinen Sprachgebrauch nennen wir fast alles Meditation, wenn es irgendetwas mit unserem Geist zu tun hat, das ist irreführend. Die Geist-Route zur Entspannung basiert also auf keiner Meditationstechnik, sondern auf Autosuggestion und Autogenem Training. Wir verändern die Inhalte unserer Gedanken und erzeugen dadurch Entspannung, Sie kennen das bestimmt: »Ihr rechter Arm wird jetzt ganz schwer.«

Die Geist-Route ist insofern großartig, als sie wirklich Spaß macht und häufig einen tollen Entspannungseffekt hat. Sie hat aber auch einen Haken: Wenn Herr Furchtbar zu Ihrem Schreibtisch marschiert, ist es eher ungünstig, schnell auf die Toilette zu verschwinden, sich dort auf den kalten Fußboden zu legen, um zehn Minuten Autogenes Training zu praktizieren. Natürlich ist es so, dass Ihr Stresslevel positiv beeinflusst wird, wenn Sie die Geist-Route regelmäßig zu günstigeren Zeitpunkten anwenden. Durch den Abbau von Stresshormonen beugen Sie dadurch chronischem Stress vor. Sie brauchen hierfür aber etwas mehr Zeit und einen geeigneteren Rahmen als für Atemübungen.

Ich möchte Sie bitten, diesen Aufwand einmal auf sich zu nehmen, um zu erfahren, dass er sich lohnt. In der folgenden Übung möchte ich Sie gerne in einer kleinen Fantasiereise zum Strand in Ihrem Kopf entführen. Sprechen Sie sich den folgenden Text bitte auf ein Hilfsmittel Ihrer Wahl, nutzen Sie zum Beispiel die Sprachaufzeichnung Ihres Handys, oder bitten Sie eine vertraute Person, Ihnen die Fantasiereise vorzulesen, während Sie sitzen oder liegen und die Augen geschlossen halten. Sie können sich den Text auch auf meiner Webseite www.victoriabindrum.com anhören oder downloaden. Auf geht's!

Begeben Sie sich bitte in eine bequeme Position im Sitzen oder Liegen. Atmen Sie dreimal tief ein und aus und schließen Sie bei der dritten Ausatmung Ihre Au-

gen. Nehmen Sie für einen Augenblick die Geräusche außerhalb des Raumes, in dem Sie sich befinden, wahr. Straßenlärm, Unterhaltungen, das Brummen des Kühlschranks oder auch Stille. Dann hören Sie zur Stille oder den Geräuschen in dem Raum, in dem Sie sitzen oder liegen. Anschließend spüren Sie Ihren Körper. Beginnen Sie dabei bei Ihren Füßen und wandern mit Ihrer Aufmerksamkeit Ihre Beine entlang, über Ihren Unterleib, Bauch, Rücken, bis in die Schultern und schließlich nehmen Sie Ihren Kopf wahr und spüren zum Schluss noch einmal Ihren Körper in seiner Ganzheit – vom Scheitel bis zur Sohle.

Stellen Sie sich nun vor, Sie sitzen auf einem Felsen und unter Ihnen befindet sich das tiefblaue Meer. Die Sonne glitzert auf seiner Oberfläche. Sie stehen auf, und ohne weiter darüber nachzudenken, springen Sie ins Wasser. Anstatt sofort wieder aufzutauchen, bemerken Sie, dass Sie ohne Weiteres unter Wasser atmen können. Während Sie erstaunt ein paar tiefe Atemzüge nehmen, taucht eine Meeresschildkröte vor Ihnen auf. Sie lädt Sie dazu ein, sich an Ihrem Panzer festzuhalten und mit auf eine wunderbare Reise zu gehen. Voller Vertrauen umfassen Sie mit Ihren Händen das Tier und es zieht Sie nun immer tiefer und tiefer in Richtung Meeresgrund. Sie müssen nichts tun, keine Anstrengung unternehmen, das Wasser strömt an Ihnen vorbei, während Sie tiefer und tiefer in den Ozean sinken. Tiefer und tiefer. Als Sie auf dem Meeresgrund angekommen sind, setzen Sie Ihre Füße auf den sandigen Erdboden und in diesem Augenblick ist das Wasser, die

Schildkröte, der gesamte Ozean um Sie herum verschwunden. Stattdessen stehen Sie an einem Strand. Gestalten Sie diesen Strand nach all Ihren Wünschen. Die Farbe des Sandes an Ihren Füßen, die Farbe des Ozeans und des Himmels, die Intensität der Sonneneinstrahlung. Palmen, eine Hängematte, Steine, Felsen – Ihrer Vorstellung sind keine Grenzen gesetzt. Entscheiden Sie sich nun für Ihren Strand, Ihren Ort der Erholung. Sie setzen sich an Ort und Stelle in den Schneidersitz und nachdem Sie die Szenerie für einige Atemzüge in sich aufgenommen haben, entdecken Sie, dass in der Ferne jemand auf Sie zukommt. Als diese Person nahe genug bei Ihnen ist, erkennen Sie, dass es Ihr immer erholtes, kraftvolles Selbst ist, das an diesem Strand lebt. Voller Freude, dass Sie da sind, nimmt es Sie in den Arm. Sie sehen es sich ganz aufmerksam an – vielleicht sieht es haargenau aus wie Sie, vielleicht aber auch vollkommen anders, älter oder jünger, männlich oder weiblich, dicker oder dünner, braun gebrannt von der Sonne, lächelnd, in sich ruhend. Nachdem Sie sich eine Weile angesehen haben, sagt Ihr immer erholtes Selbst, dass es eine wichtige Botschaft für Sie hat. Es übergibt Ihnen eine Flaschenpost. Ehrfürchtig und neugierig nehmen Sie sie entgegen. Langsam lösen Sie den festgesteckten Korken und fischen nach der kleinen Papierrolle im Flaschenbauch. Sie ziehen sie heraus, falten sie auseinander und dort steht Ihre Botschaft. Forschen Sie bitte in sich selbst für einen Moment, was Ihnen Ihr erholtes Selbst, das es tatsächlich gibt, mitteilen möchte. Sehen Sie diese geschriebene Botschaft auf *dem Zettel der Flaschenpost ganz genau an. Lesen Sie sie wieder und wieder. Vielleicht verstehen Sie noch nicht ganz, warum Ihr erholtes Selbst Ihnen ausgerechnet diesen Satz mit auf den Weg gibt, vielleicht ergibt er für Sie noch gar keinen Sinn. Es mag aber auch sein, dass die Botschaft Sie genau ins Herz trifft, Sie erleichtert, überrascht, bereichert. Sie bedanken sich und versprechen, diesen wichtigen Satz mit in Ihren Alltag zu nehmen. Dann verabschieden Sie sich voneinander, Sie sehen sich noch einmal um, atmen die Luft Ihres Strandes tief ein und aus und beschließen, nun zurückzureisen. Der Strand, auf dem Sie eben noch standen, wird daraufhin wieder zum Meeresboden, um Sie herum befindet sich erneut das Wasser des Ozeans und auch die Schildkröte schwimmt neben Ihnen und stupst Sie freudig an. Sie bitten sie, Sie wieder nach oben zu bringen, halten sich an ihrem Panzer fest und so reisen Sie höher und höher und mit jedem Meter, den Sie gewinnen, werden Sie wacher und wacher, kommen wieder in Ihrer Wirklichkeit an. Höher und höher, bis Ihr Kopf schließlich die Wasseroberfläche durchstößt und Sie die Augen wieder öffnen. Recken und strecken Sie sich, gähnen Sie, wenn Sie möchten, und machen Sie einige Bewegungen, die Ihnen guttun.*

Schlaf

Als ich begonnen habe, dieses Buch zu schreiben, stand ich vor einer schwierigen Aufgabe: Wissen über Erholung zu vermitteln, ohne gleich mit Fakten zu beginnen, die wir alle bereits kennen. Das ist der Grund, warum Sie diesen Abschnitt erst jenseits der ersten hundert Seiten finden, was nicht bedeutet, dass er unwichtiger ist als alles bisher Gesagte. Mal ehrlich: Wenn Sie nicht genügend schlafen, dann haben Sie höchstwahrscheinlich keine Lust auf irgendwelche Rituale, Mastery-Erlebnisse, Fantasiereisen, Flow oder Kognitive Defusion. Wenn wir gar nicht oder schlecht geschlafen haben, wollen wir nur eines: ins Bett. Wir wollen dieses Defizit aufholen. Nun zum Grund, weshalb Sie diesen Abschnitt nicht nur jenseits der ersten hundert Seiten, sondern genau hier antreffen: Schlaf ist die wichtigste Form der Entspannung. Das bedeutet allerdings nicht, dass im Schlaf nicht sonderlich viel passieren würde, ganz im Gegenteil. Gleich nach dem Einschlafen werden jede Menge Wachstumshormone ausgeschüttet, die natürlich nicht dafür sorgen, dass Sie über Nacht in die Länge schießen, sondern wichtige Stoffwechselvorgänge, zum Beispiel den Zucker- und Fettstoffwechsel, regulieren. Auch das Immunsystem nutzt die Ruhephase, um aktiv zu werden und Krankheitserreger zu bekämpfen, und die sogenannte »Gedächtniskonsolidierung« findet statt, die Übernahme von Erinnerungen ins Langzeitgedächtnis. Lernen im Schlaf? Klar, das ist möglich, Experimente zeigen sogar, dass uns Schlaf beim Problemlösen hilft. Warum Schlaf bei all der Aktivität und Effektivität trotzdem zur Erholung beiträgt, ist unter anderem dem Umstand geschuldet, dass das Stresshormon Cortisol gerade in der ersten Nachthälfte auf sein Minimum im 24-Stunden-Rhythmus zurückfällt. Genau genommen hat die Sache mit dem Schlaf nur einen Haken: Wir verfügen aus verschiedenen Gründen nicht immer über die gewünschte Quantität oder Qualität unseres Schlafes. Nicht einschlafen, nicht durchschlafen, nicht ausschlafen – wenn wir gerade nicht von mindestens einem dieser Probleme betroffen sind, haben wir es wirklich sehr gut. Nun gibt es unterschiedliche Methoden, mit denen wir unseren Schlaf verbessern können. Meistens sind es unsere Schlafgewohnheiten, an denen wir ansetzen sollten: Früher ins Bett gehen, keine elektronischen Geräte oder Licht im Schlafzimmer, kein abendlicher Sport, kein zu spätes Abendessen, nicht im Bett liegen, wenn wir nicht einschlafen können, keinen Alkohol, Kaffee, Tee, Zigaretten vor dem Zubettgehen, geringe Raumtemperatur – ich könnte die Liste noch weiter fortführen. Es stellt sich allerdings die Frage, wie viel es Ihnen bringen würde, sich an all das zu halten. Möglich, dass eine Kombination bestimmter Maßnahmen Ihnen mehr und erholsameren Schlaf bringt. Je nach Ihrer Lebenssituation ist das eventuell aber schwieriger umzusetzen, als es sich anhört, gerade Angestellte im Schichtdienst oder junge Eltern sind von einer Schlaflosigkeit betroffen, die sich nicht ohne Weiteres – vielleicht im Moment sogar überhaupt nicht – beheben lässt. Ich möchte Ihnen zum Thema Schlaf daher zwei sehr gegensätzliche Ratschläge mit auf den Weg geben. Der erste lautet: Machen Sie Schlaf zu Ihrer Priorität.

Das soll bedeuten, dass Sie am besten immer und überall schlafen sollten, wenn Sie können und das Bedürfnis danach haben. Springen Sie nicht aus dem Bett auf, weil das Telefon klingelt oder der Geschirrspüler piept. Sagen Sie private Verabredungen ab, verschieben Sie den Einkauf oder das Essen, versuchen Sie Verpflichtungen abzugeben. Schlafen Sie. Schlaf ist ungeheuer wichtig für die Erholung. (Stellen Sie sich mal vor, das hätte ich gleich zu Anfang dieses Buches geschrieben! Wahrscheinlich hätten Sie gedacht: »Ach nee!«, und es sofort zugeklappt.)

Der zweite Ratschlag lautet: Tun Sie etwas anderes.

Wenn Sie nicht schlafen können, sei es aufgrund der äußeren Umstände, oder weil es Ihnen partout nicht möglich ist, einzuschlafen, suchen Sie sich eine Entspannungsalternative. Irgendwann müssen Sie schlafen, das steht fest, aber was könnten Sie bis dahin für Ihre Entspannung tun? Wenn gerade nicht mal ein Powernap möglich ist, welche Entspannungsmethode passt zu dieser Zeit in Ihren Alltag? Atemübungen, Muskelrelaxation, Autogenes Training, Autosuggestion, tun Sie sich etwas Gutes im Sinne der Entspannung und Erholung.

Zum Schluss sei noch einmal gesagt, dass alle Erholungsmaßnahmen, die Sie bisher kennengelernt haben, zu einem entspannten und unkomplizierten Schlaf beitragen, indem sie den Stress in Ihrem Leben verringern. Oftmals ist es nämlich so, dass Stress uns am Einschlafen oder Durchschlafen hindert. Wenn wir dann übermüdet durch den Tag gehen, häuft sich weiterer Stress an, der in vermehrter Schlaflosigkeit resultiert – ein Teufelskreis. Alles, was Sie tagsüber für Ihre Erholung tun, wird daher Ihren Schlaf bereichern und umgekehrt.

Die Hürde

Stellen Sie sich mal vor, Sie sind so richtig wütend, vielleicht hat Ihr Partner irgendetwas getan, das Sie komplett auf die Palme bringt. Angenommen, er hat Ihren Schokopudding aufgegessen, obwohl Sie ihn gebeten haben, es nicht zu tun. Sie haben sich so auf diesen süßen Snack nach dem Abendessen gefreut! Er sieht seinen Fehler aber gar nicht ein, und daraufhin fliegen die Fetzen. Es geht ja nicht nur um den *Schokopudding*, es geht darum, dass er *nie* Rücksicht auf *Ihre Bedürfnisse* nimmt und so weiter und so fort. Die Stresshormone in Ihrem Körper spielen verrückt, sämtliche Stressachsen laufen auf Hochtouren, Sie könnten Ihrem Partner den Hals umdrehen. Und nun komme ich, tippe Ihnen auf die Schulter und erinnere Sie an die Yoga-Vollatmung. Wahrscheinlich würden Sie mir lieber eine Kaffeetasse an den Kopf werfen, als eine Sekunde auf Ihre Atmung zu achten.

Das ist wirklich eine große Hürde, vor der wir alle stehen, wenn wir wertvolle Tipps in die Tat umsetzen wollen. Seien wir ehrlich: In der Ratgeber-Literatur wimmelt es von fantastischen Ideen, Übungen und Erkenntnissen, und ich bin der Meinung, dass auch alle Diäten grandios funktionieren würden, wenn wir bloß konsequent tun könnten, was uns geraten wird. Dass wir nicht alle längst so schlank, erholt und glücklich sind, wie wir es sein wollen, liegt einzig und allein daran, dass unsere körperlichen Mechanismen, die sich über Millionen von Jahren entwickelt haben, dazwischenfunken. Ihre Hormone wissen nicht, dass es bloß um einen Schokopudding geht – für sie geht es immer ums Überleben. Die Preisfrage lautet also: Wie kommen wir bloß gegen die Evolution an? Gibt es einen Weg, unseren Stresshormonen zu sagen, dass Sie ruhig halblang machen können, weil Ihr Partner zwar manchmal wirklich rücksichtslos, aber alles in allem nicht mit einem Säbelzahntiger vergleichbar ist?

Nein. So gerne ich Ihnen jetzt eine Anti-Säbelzahntiger-Route präsentieren würde, die gibt es nicht. Die Kunst liegt darin, etwas anderes zu tun als das, wonach Ihnen zumute ist. Das klingt erst mal unbequem und wenig authentisch. Wenn Sie genauer darüber nachdenken, tun Sie das aber bereits die ganze Zeit. Bestimmt waren Sie schon manches Mal so wütend auf jemanden, dass Sie Ihren Aggressionen gerne freien Lauf gelassen hätten. Wie schön wäre es, wenn Sie Herrn Furchtbar einfach mal so richtig kneifen könnten, um Ihre Wut rauszulassen und Ihr Stresshormon-Depot zu entleeren, anstatt in Ihrer Angst zu versinken. Warum tun Sie nicht einfach, wonach Ihnen gerade ist? Langsam kommen wir wieder in Richtung unserer Werte und Prioritäten. Es gibt viele Werte

– zum Beispiel Verantwortung, Mitgefühl, Respekt –, die verantwortlich dafür sein könnten, dass Sie Gewalt ablehnen. Diese Werte sind Ihnen wichtiger als das kurzzeitige befreiende Gefühl, nach außen zu explodieren. Also hindern Sie sich schlichtweg daran. Sie schaffen das. Sie können das.

Damit zurück zum Schokopudding: Um sich dazu durchzuringen, tief durchzuatmen, wenn Sie eigentlich stinksauer sind, müssen Sie Ihr Bedürfnis nach Entspannung ganz bewusst über Ihr (physiologisches) Bedürfnis stellen, Ihre Aggressionen durch einen Wutausbruch zu entleeren. Es ist nicht so, dass Sie Ihre Wut dann in sich hineinfressen, Sie kümmern sich ja um sie. Sie wissen ganz genau, dass Sie wütend sind, deshalb atmen Sie. Die obigen Atemübungen bauen Stresshormone ab – ganz ohne Partnerschaftskonflikte. Sie müssen sich nur zu ihnen überwinden. Dass Sie anschließend zu Ihrem Partner gehen und ihm sagen sollten, dass Sie verletzt sind, weil er Ihren Schokopudding aufgegessen hat, obwohl Sie ihn doch gebeten haben, es nicht zu tun, steht natürlich außer Frage. Stellen Sie sich vor: Vielleicht entschuldigt er sich sofort, geht zum Supermarkt und kauft Ihnen einfach einen Neuen.

Wut ist natürlich nur ein Beispiel für eine Emotion, die starken Stress auslöst und die wir mit Entspannung beantworten können, anstatt uns ihr hinzugeben. Genauso verhält es sich mit jeglicher Art von Stress. Wenn Sie die Stresswelle herannahen sehen und befürchten, von ihr mitgerissen zu werden, können Sie die Vollatmung einsetzen oder eine andere Übung anwenden – seien Sie gespannt, was das zu Ihrer Erholung beiträgt. Der zentrale Satz dieses Kapitels lautet:

> *Erholung durch Entspannung geschieht durch die wechselseitige Beruhigung von Körper und Geist.*

~

Teil 3

Der Erholungsbauplan

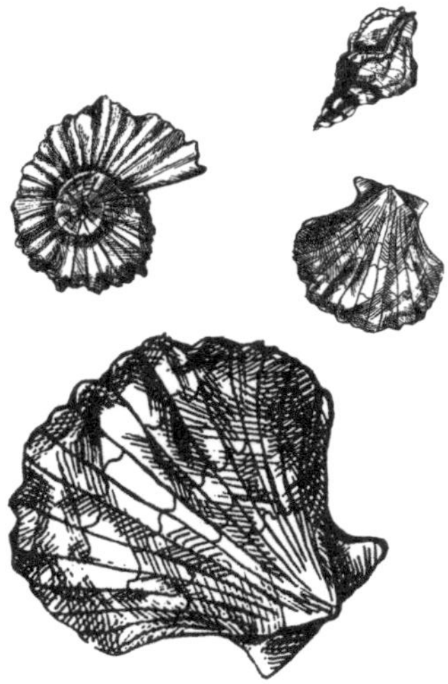

Kapitel 9

Erholungsmanagement

Ein Baustein macht noch keine Sandburg

Im besten Fall haben Sie während der letzten Kapitel viele schöne Impulse bekommen, wie Sie Ihren Alltag umdenken und umgestalten können, aber wahrscheinlich ist auch nach und nach ein großes Fragezeichen in Ihrem Kopf gewachsen: Wie sollen Sie diese ganzen neuen Ideen denn bloß umsetzen? Alle auf einmal? Nacheinander? Von jeder ein bisschen? Keine Sorge, ich lasse Sie jetzt nicht mit lauter losen Bausteinen zurück!

In diesem Kapitel werden wir genau diese Fragen beantworten. Wir kreieren gemeinsam Ihr ganz individuelles Strandleben – klingt dieses Wort nicht schon viel schöner als Alltag? Lassen Sie uns gleich starten, und zwar wie beim Häuserbau mit dem Grund und

Boden, auf dem wir dann alles andere errichten können.

Das Fundament

Ich sage Ihnen mal, was nicht funktioniert: nach der Lektüre das Buch zuklappen, alles so machen wie zuvor und einmal die Woche ein paar Atemübungen zur Entspannung ausführen. Wahrscheinlich ist das sogar genau das, was Sie bisher getan haben. Einmal die Woche Yoga, Autogenes Training oder Meditation, ab und zu mal Sport, wobei Sie zufällig ein Flow-Erlebnis hatten, und am Samstag waren Sie bei der Pediküre, um mal wirklich etwas ganz selbstbestimmt für sich zu tun. Nicht zu vergessen: der Kurztrip nach Rom, in den dann alle Erholungshoffnungen gesetzt wurden. Das sind alles gute Ansätze, aber dieses halbherzige Erholungskonzept funktioniert eben nicht und wird es auch in Zukunft nicht tun. Warum eigentlich nicht – Ihre Erholungsaktivitäten haben doch durchaus mit unseren Erholungsbausteinen zu tun?

Das Geheimnis ist: Sie brauchen eine Erholungsbasis! Ein Fundament, das Sie dann nach Lust und Laune weitergestalten können. Dieses Erholungsfundament hat zwei Komponenten, die Sie beide schon kennen.

Sich das Warum bewahren

Der Neurologe und Psychiater Viktor E. Frankl lebte und forschte nach dem Motto: »Wer ein Warum zu leben hat, erträgt fast jedes Wie.« Das Bemerkenswerte an dieser Einstellung ist, dass Frankl vier Konzentrationslager überlebte, darunter Auschwitz. Es gibt wohl nichts Überzeugenderes, was ich Ihnen erzählen könnte, um Sie zu einem wertegeleiteten Leben anzustiften. Die absolute Basis, um jeglichem (!) Stress zu trotzen und sich kraftvoll zu fühlen, ist, den Sinn in Ihrem täglichen Tun zu entdecken.

Ja, blättern Sie gern noch mal zurück ins Werte-Kapitel. Wiederholen Sie in Ihrem Kopf Ihre fünf Werte. Machen Sie die dazugehörigen Übungen. Werte, Werte, Werte. Wenn Sie bemerken, dass Ihr Alltag Sie wieder stresst, haben Sie Ihre Werte aus den Augen verloren. Wenn Sie denken, Ihnen fehle die Energie, um morgens aus dem Bett aufzustehen, haben Sie Ihre Werte vergessen. Werte lassen Ihren Lebenssinn greifbar und umsetzbar werden, sie sind das Fundament der Erholung, der unerschöpfliche Ozean, aus dem Sie Energie ziehen können. Und wenn dieses Fundament fehlt, werden alle anderen Erholungsbemühungen versickern wie eine Schippe Wasser im Sand.

Machen Sie Ihre Werte zu Ihrer Priorität, erkennen Sie Ihre Werte im Alltag. Alle Aktivitäten, die Sie unternehmen, haben irgendetwas mit Ihren Werten zu tun. Es gibt einen guten Grund, weshalb Sie dieser herausfordernden Arbeit nachgehen, sich der Kindererziehung widmen, sich zum Sport quälen und sich mit Eheproblemen rumschlagen, obwohl Sie doch wunderbar allein nach Sardinien auswandern könnten. Sie haben das Glück der Selbstbestimmung, Sie tun das, was Sie tun, freiwillig, weil es Ihren Werten entspricht. Machen Sie sich das bewusst, denn diese Sinnhaftigkeit geht im Alltag normalerweise unter, und das ist der Grund, warum wir uns dann ausgelaugt und erschöpft fühlen.

Viktor E. Frankl ist es sogar gelungen, unter Zwang und Unterdrückung seine Werte aufrechtzuerhalten, und dieser gelebte Lebenssinn hat ihm Kraft verliehen und ihm seine psychische Gesundheit bewahrt – selbst unter den widrigsten Umständen des menschlichen Daseins.

Die schon beschriebenen Übungen zum Thema Werte sind Ihr wirksamstes Werkzeug, um immer und überall Energie zu tanken. Wenn ich Ihnen nur einen einzigen Rat zum Thema Erholung geben könnte, würde er lauten: Werden Sie sich täglich darüber bewusst, dass Sie ein wertegeleitetes Leben führen!

Den Zauberstab zücken

Nun zur zweiten Komponente des Erholungsfundaments: Kognitive Defusion.

Stellen Sie es sich einmal so vor: Gedanken an Stress sind wie Treibsand. Je mehr Sie von Ihnen produzieren, desto größer wird das Schlamassel und je mehr Sie sich abstrampeln, um da rauszukommen, desto schneller versinken Sie. Kognitive Defusion wirkt wie ein Zauber, indem diese Technik Sie erkennen lässt, dass Sie bereits außerhalb des Treibsands *sind*! Jegliche Bemühungen gegen den Stresssumpf anzukämpfen – sei es durch positive »Gegengedanken«, Relativierungen, ständige Auflistungen der To-dos, Gedanken an eine stressfreie Zukunft –, lässt Sie bloß mehr und mehr darin verschwinden. Ihre Gedanken sind der Stress. Nichts, absolut gar nichts, im Außen kann Sie jemals stressen. Es geht *immer* nur darum, was in Ihrem Kopf passiert. Kognitive Defusion ist Ihr Zauberstab, um zu erkennen, dass Ihre Gedanken bloß Gedanken sind. Sie sind nicht der Stress, Sie sind die Ruhe selbst – im wahrsten Sinn.

»Ich bemerke, dass ich den Gedanken habe, dass ...«, diese Worte lassen Sie erkennen, dass Sie gar nicht – wie gedacht – im Stress-Treibsand stecken, sondern bloß danebenstehen oder darüber schweben, was auch immer Ihnen besser gefällt. Sie können schon noch sehen, was Sie da runtergezogen und mitgerissen hat, aber Sie müssen nicht mehr darunter leiden oder gar in Panik geraten.

Kognitive Defusion ist außerdem hilfreich, wenn die andere Komponente des Fundaments bröckelt: Wenn wir hin und wieder denken, dass diese Werte-Sache totaler Blödsinn ist und ohnehin nicht funktioniert. Lassen Sie dieses Gedanken-Radio – nennen wir den Sender doch Radio Pessimismo – ganz in

Ruhe im Hintergrund dudeln. Machen Sie es sich zur Gewohnheit, Stressgedanken und Zweifel an der Beschäftigung mit Ihren Werten mit Kognitiver Defusion zu beantworten. Ich hatte es im entsprechenden Kapitel bereits erklärt: Das bedeutet natürlich nicht, dass Sie Ihre Pflichten und Aufgaben nicht mehr erledigen sollen. Aber Sie tun es mit einer gesunden Portion Gelassenheit.

Gegenwelten

Ich wiederhole noch einmal: Gelebte Werte machen das Warum spürbar, und den Sinn Ihres Lebens zu fühlen, ist die größte Kraftquelle, die es gibt. Kognitive Defusion ist Ihr wichtigster Begleiter, um sich unmittelbar wieder zu dieser Kraftquelle zu begeben, wenn Sie sich – gedanklich – von Ihr entfernen, wenn Sie sich in der bloßen Bewältigung von Aufgaben und Pflichten verstricken. Aber wir haben doch über so viel mehr gesprochen als über Werte und Kognitive Defusion!

Lassen Sie mich unsere anderen Strandschätze noch einmal aufzählen: Flow- und Mastery-Erlebnisse, SMART-Ziele, Atem-Entspannung, Autogene Entspannung. Vielleicht fragen Sie sich, wozu es diese anderen Bausteine überhaupt noch gibt.

Werte und Kognitive Defusion sind die Grundlage für dauerhafte Erholung, daher habe ich sie als Fundament bezeichnet – aber möchten Sie in einem Fundament wohnen? Wir brauchen Gestaltungsmöglichkeiten, Aktivitäten, wir wollen es uns schön machen, unserer Erholung kreativ verschiedene Formen geben. Erholung macht Spaß. Werte und Kognitive Defusion sind wie eine Brille, durch die wir unser Leben sehen, nun geht es darum, dieses Strandleben zu genießen und uns gut zu unterhalten.

Es gibt eine simple Anleitung dafür und sie lautet: Erzeugen Sie Gegenwelten.

- Wenn Sie normalerweise viel im Büro sitzen, seien Sie in Ihrer Freizeit im Freien aktiv.
- Wenn Sie den ganzen Tag durch die Gegend laufen, legen Sie abends die Beine hoch.
- Wenn Sie jeden Vormittag »Backe, backe Kuchen singen«, lernen Sie nachmittags Altgriechisch oder lesen ein Fachbuch über Quantenphysik.
- Wenn Sie die ganze Nacht mit vielen Leuten feiern, machen Sie am nächsten Tag allein einen Spaziergang.

Ist nach dieser Aufforderung nicht auch die Frage ganz leicht zu beantworten, weshalb wir wie selbstverständlich Urlaub mit Erholung gleichsetzen? Wenn wir an einen Ort gebunden sind, besteht unsere Gegenwelt darin, diese Location schnellstmöglich zu verlassen und etwas anderes zu sehen. Warum der Strand der Inbegriff der Erholung ist? Weil die wenigsten von uns am Meer wohnen! Ich kenne Menschen, die in wundervoller Umgebung in den Bergen zu Hause sind und die unbedingt nach Berlin kommen möchten, um den ganzen Tag in einer riesigen Shoppingmall rumzuhängen.

Genauso sehnen wir uns nach Entspannung, weil wir nahezu alle im Alltag permanent Hektik, Lärm, Zeitdruck und Anspannung ausgesetzt sind. Entspannung ist die Gegenwelt, die wir alle am bittersten nötig haben. Und wir fühlen intuitiv, dass wir Gegenwelten erzeugen müssen, um uns zu erholen. Wir tun es sogar! Aber weil uns das Fundament – Werte und Kognitive Defusion – fehlt, ist das so wenig und oft nur kurzzeitig wirksam.

Sie werden bemerken, dass sich das nun ändert. Ihr Urlaub und Ihr Yoga-Kurs werden jetzt zur Kirsche auf der Erholungstorte, zudem werden Sie den Rest der Zeit permanent das Gefühl haben, dass Ihr Lebenssinn Sie komplett erfüllt und Sie unheimlich gut mit Stressgedanken umgehen können. Ist das nicht fabelhaft? Sie leben nun – metaphorisch gesprochen – am Strand. Erinnern Sie sich noch einmal an meine Eingangsfrage: Muschelsammeln für die Seele, wie viel hat dieses Bild mit Ihrem Alltag zu tun? Nun, es *ist* nun Ihr neuer Alltag. Wenn Sie Ihre Erholungswelt in sich tragen, machen Ihnen Lärm, Hektik, Anspannung und Zeitdruck nur noch erstaunlich wenig aus. Das ist kein Talent und auch kein Kunststück, das ist angewandte Psychologie. Welche Gegenwelten Sie am besten erzeugen, hängt natürlich ganz individuell von Ihrem Alltag ab. Damit möchte ich noch ein letztes Mal auf unsere Modelle zurückkommen.

Jennis Gegenwelt

Jenni hat im Alltag permanent mit Menschen zu tun. Patienten, Kollegen, Angehörige und nicht nur das, sie ist dabei fürsorglich und leitend tätig, zudem intellektuell sehr gefordert. Ärztin zu sein erfordert Konzentration. Jennis Gegenwelt zu diesem Beruf kann verschiedene Gesichter haben: Ruhe und Zeit allein zu verbringen, könnte erholsam sein, auch leichte Lektüre, Fernsehen oder etwas kochen sind in Jennis Fall ratsame Aktivitäten. Sich ein wenig berieseln zu lassen, kann aber auch aktiver geschehen, zum Beispiel durch einen Museumsbesuch oder ein abendliches Konzert. Zu Hause bewusst Musik zu hören, kann jedoch ebenso wirksam sein, wenn Jenni einmal wirklich keine Lust mehr hat, noch weiter unterwegs zu sein! Jenni könnte auch das dringende Bedürfnis haben, dass jemand sich zur Abwechslung mal um sie kümmert und ihr gegenüber fürsorglich ist. Familie und Freunde könnten dabei eine wichtige Ressource sein, um diesen Wunsch zu erfüllen. Eine Mutter, die einen warmen Kakao kocht? Das tut in jedem Alter gut. Falls das nicht möglich ist, könnte Jenni sich auch eine Massage buchen, in Restaurants gehen, um sich bewirten zu lassen, oder sich selbst fürsorglich behandeln, baden, eincremen, ihre Wohnung für sich nett dekorieren, eine Kerze anzünden. Auch Atemübungen während der Arbeitszeit sind eine kurze Form der Entspannung und Selbstfürsorge. Vor dem Einschlafen eine Fantasiereise zu machen, wäre ebenso gut möglich und effektiv. Sport ist auch eine Gegenwelt zum Krankenhausalltag, besonders eignet sich vielleicht eine spaßige Variante wie Tanzen. Ebenso erholsam ist Zeit an der frischen Luft, in der Natur. Wenn sich tatsächlich mal ein paar freie Tage ergeben, kann ein Kurzurlaub für nötige Abwechslung sorgen: Meeresduft statt Krankenhausluft, lautet die Devise.

Nadjas Gegenwelt

Wie Jenni ist auch Nadja viel mit fürsorglichen Tätigkeiten beschäftigt, sie ist jedoch durch die Kleinkinder intellektuell eher unterfordert, körperlich und nervlich wiederum überfordert. Nadja braucht körperliche Entspannung, zum Beispiel tägliche Progressive Muskelrelaxation sowie zwischendurch, wenn die Nerven blank liegen, ein paar Atemzüge bewusste Vollatmung. Außerdem könnte sie sich intellektuell fordern, indem sie sich mit einem wissenschaftlich interessanten Thema beschäftigt, entweder in Buchform oder vielleicht sogar mittels eines geeigneten Online-Kurses. Der Abschluss einer solchen Fortbildung, zum Beispiel zum Thema Ernährungswissenschaften, wäre auch ein prima SMART-Ziel. Ein Instrument erlernen – wie wäre es damit? Das könnte auch eine Aktivität sein, an der sich die Kinder erfreuen. Wenn Nadja mit ihrer neuen Gitarre im Kinderzimmer sitzt, könnten alle gemeinsam herausfinden, wie dieses Ding funktioniert, und Nadja könnte sich den einen oder anderen Akkord autodidaktisch beibringen – ein schönes Mastery-Erlebnis! Wie Jenni könnte auch Nadja darauf achten, dass sie genügend Fürsorge erhält, ihren Mann bittet, für sie zu kochen oder sie zu massieren, oder sie backt sich selbst einen Kuchen oder macht sich bewusst einen Tee. Auch die Freizeitgestaltung mit den Kindern könnte sie zu einem weiteren Mastery-Erlebnis machen – basteln mit den beiden Großen und dem Baby auf dem Schoß? Garantiert eine Herausforderung und durchaus erholsam, wenn Nadja es bewusst zu ihrem Mastery-Erlebnis macht. Singen ist zudem eine wunderbare Möglichkeit, die Ausatmung zu verlängern und zu entspannen. Auch etwas allein zu unternehmen, ist eine wichtige Gegenwelt im Sinne der Erholung, da Nadja sonst ständig mit Anhang unterwegs ist. Das muss natürlich organisiert werden. Falls das nicht möglich ist, könnte Nadja auch den Austausch mit anderen Erwachsenen suchen, indem sie mit ihren Kindern Kurse besucht, bei denen andere Eltern anwesend sind. Auch auf Spielplätzen lässt sich manchmal ein gutes Gespräch anfangen – Nadja sollte nur darauf achten, dass der betreffende Elternteil auch an Austausch interessiert ist und nicht gerade lieber ein paar Atemübungen zur Entspannung macht.

Heikes Gegenwelt

Heike tut pausenlos etwas für sich, eine passende Gegenwelt könnte daher sein, etwas für andere zu tun. Ein Ehrenamt auszuführen könnte Heike durchaus Erholung bringen und Sinn stiften. Auch Aktivitäten, die mal nichts mit Gesundheit und persönlicher Entwicklung zu tun haben, sollte sich Heike zur Abwechslung widmen, sie könnte zum Beispiel einen Kinobesuch oder eine Kneipentour einplanen, oder einen Nachmittag tagträumend im Bett verbringen. Auch Haushaltsaufgaben können im Gegensatz zu den hochtrabenden Selbstverwirklichungskursen erholsam sein und Heike erden. Anstatt Fernreisen zu unternehmen, könnte sie außerdem ihre alltäglichen Wege ganz achtsam wahrnehmen. Um zu erholen, darf Heike auch mit den Sprachkursen mal pausieren, stattdessen könnte sie ein Buch lesen, das ihr einfach gut gefällt, und die vielen Verabredungen mit Freunden könnte sie dann und wann reduzieren, um Zeit mit sich selbst zu verbringen, in der sie bloß etwas Nettes im Fernsehen sieht oder im Internet surft.

Gegenwelten-Leitfaden

Ja, Sie lesen tatsächlich ein Buch, in dem eine Psychologin rät, einfach mal fernzusehen oder sinnlos im Internet zu surfen. Es gibt sogar Studien, die belegen, dass Serien gucken das Wohlbefinden steigert – aber erst ab drei Folgen! Vielleicht müssen Sie einfach *mehr* fernsehen, um sich besser zu fühlen.

Aber Spaß beiseite, es geht natürlich darum: Wenn Sie dauernd gesund, meditativ und selbstverwirklicht leben, kann es sehr erholsam sein, auch bloß mal zu konsumieren. Das ist *eine* Möglichkeit, eine Gegenwelt zu erzeugen. Bestimmt verstehen Sie jetzt auch, warum viele Menschen nach Feierabend ein Bier trinken gehen wollen. Den ganzen Tag waren sie fleißig, diszipliniert und produktiv, also ist es definitiv Zeit für leichten Alkoholkonsum und etwas belangloses Gerede. Dagegen ist nichts einzuwenden und es ist durchaus erholungsförderlich. Wir müssen bloß aufpassen, dass unsere Gegenwelten nicht zu extrem werden. Wir sollten also natürlich nicht sechzig Stunden pro Woche arbeiten, um dann am Wochenende einen Haufen Drogen zu nehmen in der Hoffnung, unsere ganze Anspannung irgendwie wieder abzubauen. Das hat nichts mehr mit Erholung zu tun, sondern ist selbstzerstörerisches Verhalten.

Ein gesunder Lebens- und Erholungsstil hat mit Gegenwelten und Ausgleich zu tun, und wir müssen auf den Punkt achten, an dem die Sache wieder zu kippen droht: Wenn wir das ganze Wochenende Serien geschaut haben und das nicht mehr allzu viel Erholung, sondern bloß noch Kopfschmerzen erzeugt, dann ist wieder die Kehrseite, zum Beispiel Produktivität oder zumindest Aktivität in Form eines Spaziergangs angesagt. Eigentlich regelt sich die Sache wie von selbst, wenn Sie auf Ihre psychischen Antennen hören und danach handeln. Wenn Sie drei Tage lang Burger futtern, haben Sie irgendwann Lust auf einen Salat. Dann sollten Sie auch einen essen.

Ihre Aufgabe ist es, wahrzunehmen, was Sie brauchen – und damit zu einigen Techniken zum Thema Erholungsmanagement.

1. Und täglich grüßt die Erholung

Diese Übung ist absolut essenziell. Es handelt sich deshalb auch weniger um eine Übung oder Technik als um eine neue Routine. Studien haben ergeben, dass es rund sechsundsechzig Tage braucht, bis eine neue Gewohnheit etabliert ist. Sie müssen also gut zwei Monate lang durchhalten, bis Ihnen das folgende Verhalten in Mark und Bein übergegangen ist: Fragen Sie sich jeden Tag, was den heutigen Tag für Sie erholsam machen würde. Am besten haben Sie ein Notizbuch neben Ihrem Bett liegen, und dort notieren Sie nach dem Aufwachen, was Sie heute für Ihre Erholung tun wollen. Legen Sie sich fest, machen Sie daraus ein SMART-Ziel.

Angenommen, Sie wissen, dass Ihr Tag voll mit Arbeit ist – notieren Sie dann bitte etwas, das der Gegenwelt zu Ihrer Arbeit entspricht, zum Beispiel abends Progressive Muskelrelaxation oder auf dem Nachhauseweg eine tolle Zeitschrift kaufen und sie auf dem Sofa lesen. Wenn Ihr Tag ganz entspannt geplant ist, können Sie sich auch ein Mastery-Erlebnis vornehmen, zum Beispiel mal wieder ins Fitnessstudio gehen.

Notieren Sie für jeden Tag mindestens eine Sache, die Sie für Ihre Erholung tun möchten, Sie können etwas für morgens, mittags und abends festlegen. Ja, scheuen Sie sich nicht, auch etwas Erholsames in die Mittagspause bei der Arbeit einzubauen!

2. Die Letzten werden die Ersten sein

Ich hatte Ihnen ja versprochen, dass wir noch einmal auf Ihr Ranking der Erholungsbausteine zurückkommen, das sich aus unserem Fragebogen ergeben hat. Was haben Sie jetzt davon, wenn Sie wissen, dass Sie supergut und oft entspannen, aber mit Mastery-Erlebnissen im Alltag eigentlich nichts am Hut haben? Nun, das könnte eine Gegenwelt sein, die Ihr Erholungserleben auf ein ungeahntes Level bringt!

Schauen Sie sich Ihre Liste unter diesem Aspekt noch einmal an. Der Baustein, der Ihr Schlusslicht bildet, ist vielleicht Ihr persönlicher Schlüssel zur Erholung. Überlegen Sie sich nun im Speziellen Aktivitäten, die *diesen Baustein* für Sie repräsentieren, und binden Sie diese in Ihre Erholungszeit ein. Blättern Sie am besten noch einmal zum entsprechenden Baustein zurück und suchen Sie sich gezielt Übungen aus, die ab heute zu Ihrem Alltag gehören.

3. Erholungsvorsorge

Kennen Sie das wundervolle Kinderbuch *Frederick* von Leo Lionni? Die Maus Frederick sammelt Farben, Sonnenstrahlen und Worte ein, um für den Winter vorzusorgen, wenn alles grau ist und man vor

Tristesse nicht mehr weiß, worüber man sprechen soll. Der Punkt ist: Frederick *weiß*, dass der Winter kommt.

Wenn Sie wissen oder ahnen, dass besonderer Stress und Anstrengungen auf Sie zukommen, können Sie ebenfalls vorsorgen, indem Sie im Vorfeld die entsprechende Gegenwelt erzeugen. Wenn Sie also wissen, dass Sie abends auf einer Party vielen Menschen begegnen werden und das für Sie ziemlich nervenaufreibend ist, verbringen Sie vorher einige Zeit allein in der Stille. Wenn Sie wissen, dass Sie morgen viel am Laptop arbeiten müssen, lassen Sie sämtliche Bildschirme am heutigen Tag ausgeschaltet. Machen Sie eine Atemübung, bevor Sie Ihre Kinder von der Schule abholen, oder spielen Sie mit ihnen Blinde Kuh, um anschließend konzentriert die Besprechung mit Ihrem Chef vorbereiten zu können.

Erzeugen Sie vorsorglich Gegenwelten, damit der Stress sich in Ihrem Alltag nicht immer weiter hochschaukelt und schließlich kulminiert.

4. Der innere Wecker

Stresserleben und Erschöpfungsgefühle sind zwei untrügliche Zeichen, dass Sie Ihrem Erholungsfundament wieder mehr Aufmerksamkeit schenken müssen. Betrachten Sie sie als eine Art Weckerklingeln – und drücken Sie keinesfalls auf Snooze!

Kehren Sie stattdessen zu Ihren Werten zurück, und üben Sie sich in Kognitiver Defusion. Wenn Sie das in dem Moment nicht wollen – Stress kann sich auch durchaus angenehm anfühlen und geradezu süchtig machen –, ist das in Ordnung, aber vergessen Sie nicht, dass Sie sich jederzeit wieder anders erleben dürfen. Sie entscheiden sich für ein Leben am Strand oder einen Moment im Stress, jeden Augenblick aufs Neue. Ihr Reminder und Ihr Indikator sind Ihre Gefühle, werden Sie sensibel für Stress und Erschöpfung. Diese vorübergehenden Regungen sind keine unveränderbaren Tatsachen, sondern Erinnerungen an Ihren Lebenssinn und Ihre innere Freiheit.

Total kurzes Fazit

Sie haben ein solides Fundament und Sie haben einen flexiblen Oberbau. Daraus besteht Ihr erholtes Leben. Sind Sie bereit, ein erholter Mensch zu sein? Doch bevor wir uns diesem spannenden Schlussthema widmen, habe ich noch ein ganz besonderes Goodie für Sie, das mir sehr am Herzen liegt. Eine Art Bonuskapitel, das ein wenig aus der Reihe tanzt. Ja, Sie dürfen zu Recht gespannt sein. Die beiden Merksätze aus diesem Kapitel lauten:

Die Beschäftigung mit Werten und Kognitive Defusion sind das Fundament der Erholung.

Um Erholung aktiv zu gestalten, müssen wir aus den Erholungsbausteinen Gegenwelten erzeugen.

Kapitel 10

Holidayhacks

Überall Strand

Tipps und Tricks rund um das Thema Urlaub, der Zeit, die Sie komplett Ihrer persönlichen Erholung widmen dürfen und sollten – genau das erwartet Sie jetzt. Die Botschaft dieses Buches läuft ja glücklicherweise nicht darauf hinaus, dass Sie nie wieder in den Urlaub fahren sollen, weil Sie im Alltag dermaßen erholt sind, dass Sie darauf gar keine Lust mehr haben. Natürlich werden Sie ab jetzt täglich am Strand in Ihrem Kopf liegen, aber Sie dürfen trotzdem weiterhin ans Meer fahren. Ich hatte es schon erwähnt: Ein Tapetenwechsel ist eine prima Methode, um eine Gegenwelt zu erzeugen, in der Sie anderes sehen und anderes tun. Doch es kommt noch besser: Wenn Sie Ihr Leben erholungstechnisch umkrempeln, werden

Sie Ihren eigentlichen Urlaub ganz anders genießen können – Sie beginnen ihn nämlich nicht als Büroleiche! Darüber hinaus gibt es einige interessante Erholungsfakten, die speziell für den Urlaub nützlich sind. Im Prinzip sind es drei Fragen, die wir uns zum Thema Urlaub stellen sollten: Wie oft? Wie lange? Was und wohin?

Zunächst einmal dürfen wir uns glücklich schätzen, dass wir überhaupt in der Position sind, um nach individuellen Antworten auf diese Fragen zu suchen. Im Schnitt haben Arbeitnehmer in Deutschland nämlich 30 bezahlte Urlaubstage, mit denen sie anstellen dürfen, was sie wollen, und nicht nur das, es ist für die Mehrheit der Arbeitgeber auch selbstverständlich, dass dieser Urlaub in Anspruch genommen wird. Sie finden das ganz normal? In den USA werden den meisten Arbeitnehmern nur zehn Urlaubstage zugestanden – und das zum Großteil unbezahlt. 42 Prozent der Amerikaner nehmen jedoch keinen einzigen dieser Tage in Anspruch, weil sie die Arbeitsflut nach den freien Tagen und die Einkommenseinbußen fürchten, außerdem könnten Arbeitgeber und Kollegen sie für faul oder wenig belastbar halten. In anderen Ländern zeigt sich ein ähnliches Bild, Korea und Japan sind geradezu bekannt für ihre strikte Arbeitsmoral. Es wird rigoros durchgearbeitet, allenfalls werden Urlaubstage aufgespart, um im Krankheitsfall genutzt zu werden. Allein das Wissen um das Recht auf Urlaub, kann Ihnen die Arbeitszeit also schon versüßen. Aber: Wie sollen Sie Ihre wunderbaren 30 Urlaubstage denn nun am besten aufteilen und verbringen?

Drei Antworten

Ganz zu Beginn dieses Buches hatte ich schon erwähnt, dass der erholsame Urlaubseffekt meist ein bis drei Wochen nach dem ersten Arbeitstag wieder verschwunden ist. Klingt natürlich etwas deprimierend, aber wir können uns diese Tatsache auch zunutze machen, indem wir einfach öfter in den Urlaub fahren. Meine klare Antwort auf die Fragen, wie oft und wie lange wir in den Urlaub fahren sollten – und die Urlaubsforschung ist hier auf meiner Seite –, lautet daher: Machen Sie über das Jahr verteilt mehrere Kurzurlaube. Der Urlaubseffekt mag nicht lange anhalten, aber je öfter sie ihn kreieren, desto häufiger ist er überhaupt vorhanden.

Nun zur Antwort auf die Frage nach dem Was und Wohin: Bedienen Sie sich der Erholungsmacht der Natur! Klingt etwas esoterisch, ist wissenschaftlich aber enorm gut belegt. Wussten Sie zum Beispiel, dass Menschen, die näher an Grünanlagen leben, eine höhere Lebenszufriedenheit haben und bei besserer physischer und mentaler Gesundheit sind? Doch Sie müssen nicht gleich neben einem Park oder sogar am Meer wohnen, ein simpler Waldspaziergang lässt nachweislich Ihr Cortisollevel und Ihren Blutdruck sinken und hebt die Stimmung. Aber woran liegt das eigentlich?

Die Forscher Rachel und Stephen Kaplan erklären diese erholsamen Effekte der Natur mit der *Attention Restoration Theory*. Während wir im Alltag unsere Aufmerksamkeit bewusst und zielgerichtet führen, lassen wir sie in der Natur schweifen und nehmen dabei Dinge ganz mühelos wahr – Bäume, Felder, den Himmel, Wolken. Dadurch regeneriert sich unsere Konzentrationsfähigkeit. Eine wissenschaftliche These des Forschers Yannick Joye sagt außerdem, dass die sogenannten »selbstähnlichen Strukturen« in der Natur besonders leicht für unser Gehirn zu verarbeiten seien und wir dadurch mentale Entlastung erfahren. Selbstähnliche Strukturen, das bedeutet, dass sich in der Natur gleiche Muster immer wieder finden – nehmen wir als Beispiel die Dünen, die sich ähnlich formen, oder die Blätter an einem Baum, die von ihrem Aufbau her mit einem Stiel und den abgehenden Verästelungen an den Baum selbst erinnern. Die Natur wahrzunehmen wirkt heilsam auf Körper und Geist – es gibt wohl keine Tätigkeit, bei der Sie dem Bild des Muschelsammelns für die Seele so nahe kommen. Allerdings muss ich Ihnen gestehen, dass mir Menschen ziemlich auf den Geist gehen, die einen regelrechten »Rausgehzwang« haben, die das schöne Wetter um jeden Preis ausnutzen müssen, weil sie sonst schlechte Laune bekommen, und die keine Alternative zu Fahrradtouren, Segelturns und Bergsteigen kennen. Es gibt Studien, die mir in die Karten spielen bei der Empfehlung, auch getrost mal zu Hause zu bleiben, da sie belegen, dass selbst das Betrachten der Natur aus einem Fenster positive Effekte auf Wohlbefinden und sogar die gesundheitliche Genesung hat. Kurzurlaub durch bloßes Aus-dem-Fenster-Schauen? Genauso ist es! Wenn Sie die Möglichkeit haben, können Sie selbst bei der Arbeit bewusst zwischendurch die Bäume oder den Himmel draußen ansehen. Und für den geplanten Urlaub gilt vom Stand der Forschung aus: Lieber Landluft schnuppern, als Städtehopping betreiben. Sie müssen also nicht übers Wochenende nach New York jetten – ich weiß, auch dort gibt es den schönen Central Park –, es tut auch ein schönes Hotel in der näheren Umgebung. Eine kurze Anreise schont den Geldbeutel und obendrein die Umwelt, für gute Erholung brauchen Sie jedenfalls an keinen Karibikstrand zu fliegen. Wald und Wiesen sind häufig näher, als Sie denken.

Einen Fakt, den Sie schon kennen, sollten Sie auch und unbedingt im Urlaub beachten: Erzeugen Sie Gegenwelten. Wenn Sie Entspannung als Gegenpol zur Hektik in Ihrem Verkaufsjob brauchen, legen Sie sich mit einem schönen Buch auf eine Wiese, wenn Sie etwas Spannung im Gegensatz zum Büroalltag brauchen, machen Sie Aktivurlaub – Wandern, Surfen, Fahrrad fahren. Wenn Urlaube stimmungsmäßig nach hinten losgehen, liegt es meistens daran, dass diese keine Gegenwelt darstellen, sondern unseren Alltag in gewisser Weise widerspiegeln. Dann sitzen Sie im Casino in Las Vegas und stellen fest, dass Sie einfach bloß Ihre Ruhe haben möchten, oder Sie befinden sich in einem Tempel in den Bergen und sind total gelangweilt, weil Sie abends gerne tanzen gehen und laute Musik hören würden. Schwierig wird es auch dann, wenn wir nicht allein verreisen und unser Urlaubspartner – oder die gesamte Familie – eine andere Gegenwelt braucht als wir. Ihr Partner will Abenteuerurlaub, weil er tagein, tagaus in der Bank Kunden berät, und Sie wollen schleunigst auf die Massageliege, weil Sie werktags eine Gruppe von fünfzehn Kleinkindern betreuen, die alle an Ihnen rumzerren. Es hilft ungemein, sich über Ihre gewünschte Gegenwelt klar zu werden, und falls Sie sich mit jemandem oder mehreren Mitreisenden abstimmen müssen, offen zu kommunizieren und zu überlegen, wie jeder zum bestmöglichen Ergebnis kommt.

Schöne Aussichten

Es gibt noch einen weiteren Grund, weshalb Sie lieber auf mehrere Kurzurlaube setzen sollten, und er lautet ganz einfach: Vorfreude. Während unser Wohlbefinden nach dem Urlaub dem von Nicht-Urlaubern gleicht, fühlen sich Menschen mit der Aussicht auf eine geplante Reise nachweislich besser. Mit anderen Worten: Nicht der Urlaub selbst bringt Ihnen die positiven Gefühle, sondern die Freude darauf, in den Urlaub zu fahren. Wenn Sie häufiger Kurzurlaube machen, kommen Sie also öfter in den Genuss, sich richtig gut zu fühlen. Doch nicht nur das: Eine Studie hat ergeben, dass Menschen mit Urlaubsvorfreude auch insgesamt zufriedener mit Ihrer Gesundheit und Ihrer familiären und wirtschaftlichen Situation sind. Möchten Sie da nicht auch am liebsten sofort auf die Suche nach Urlaubsschnäppchen gehen? Das dürfen Sie, lassen Sie mich nur noch auf einen wichtigen Punkt eingehen.

Individualität

Wenn Sie seit dem letzten Jahrzehnt jedes Jahr für drei Wochen auf denselben Campingplatz nach Italien reisen und das der perfekte Urlaub für Sie ist, lassen Sie sich bitte nicht von meinem Rat zu Kurzurlauben verunsichern. Studienergebnisse und Expertenempfehlungen sind interessant und können wichtige Impulse geben – wirklich ausschlaggebend ist aber Ihr Erleben. Dasselbe gilt für meine Ode an die Natur: Waldbaden ist nicht jedermanns Sache, und das ist vollkommen in Ordnung. Sie können jedoch überlegen, ob es vielleicht eine andere Art Natur gibt, mit der Sie es einmal versuchen mögen. Vielleicht haben Sie mit Bergen nichts am Hut, aber das Meer finden Sie prima, oder Sie können mit Wanderungen nichts anfangen, würden aber gerne mal in einem Ferienhäuschen mit eigenem Garten urlauben. Wenn Sie wirklich gar nichts an der Natur reizt und Sie großer Fan von Städtereisen sind, freue ich mich ebenso für Sie. Statistiken und Ratschläge aus der Forschung können wie gesagt keinesfalls für jedes Individuum gelten. Es kann auch sein, dass meine Ausführungen über Gegenwelten keinen Sinn für Sie ergeben: Sie sind Fitnesstrainer und daher täglich sehr aktiv, trotzdem zieht es Sie auch in Ihrem Urlaub zum Wintersport. Wunderbar! Wegen mir müssen Sie nicht in der Sauna liegen. Wozu ich Sie jedoch ermuntern möchte, ist, dass Sie sich ausprobieren und die wissenschaftlichen Erkenntnisse auf die Probe stellen. Unsere Merksätze lauten:

Urlaubserholung funktioniert am besten durch mehrere Kurztrips über das Jahr verteilt.

Die Natur hilft uns beim Erholen.

Auch im Urlaub sollten wir Gegenwelten erzeugen.

Kapitel 11

Strandmensch sein

Das Ende ist erst der Anfang

Wir sind tatsächlich am Ende des Buches angelangt, und Sie wissen jetzt, wie Erholung funktioniert. Hintergrundinformationen, Studienergebnisse, Übungen, Schlüsselsätze, Expertenmeinungen, Sie sind mit allen Wassern gewaschen und haben das Zeug dazu, ein echter Strandmensch zu sein. Bleibt mir nur noch, Ihnen eines zu wünschen: Mut.

Dass es Mut zur Erholung braucht, werden Sie spätestens dann merken, wenn Sie Ihrer Nachbarin zuhören, die sich über zu viel Stress beklagt, während Sie routiniert Ihre Ausatmung doppelt so lang sein lassen wie Ihre Einatmung und in Ihrem mentalen Liegestuhl relaxen. Die Versuchung ist wahnsinnig groß, aus dieser Position aufzuspringen, Ihrer Gesprächspartnerin beizupflichten, in das Gemecker über nervige Chefs miteinzustimmen und ehe Sie sich's versehen, haben Sie sich wieder in den Stresssumpf ziehen lassen. Parasympathikus aktivieren? Das war einmal! Woher kommt diese Versuchung, Ihr Strandleben gleich wieder über Bord zu werfen?

Stellen Sie sich mal die Alternative vor: Sie könnten Ihrer Nachbarin auf ihre Stressklagen entgegnen, dass Sie sie total gut verstehen können, aber inzwischen anderer Meinung sind. Nicht der nervige Chef sei das Problem, sondern das, was die Nachbarin über ihn denkt. Sie solle es doch mal mit Kognitiver Defusion versuchen. Möglicherweise wird Ihre Nachbarin daraufhin sagen, dass das total spannend klingt und sie mehr darüber hören will. Eventuell wird sie aber auch enttäuscht und vielleicht sogar etwas ärgerlich sein, dass Sie nicht in ihre Beschwerden über den Alltagsstress miteinsteigen. Was wäre das Problem daran? Ganz einfach: Sie haben Angst, dass Ihre Nachbarin Sie doof, überheblich, andersartig findet und kein Schwätzchen mehr mit Ihnen halten will. Und diese Angst ist so groß, dass Sie sogar aus Ihrem gemütlichen mentalen Liegestuhl aufstehen und freiwillig zurück in den Stresssumpf springen würden. Denn da ist ein Haufen Gleichgesinnter, und als Menschen haben wir nun mal das Bedürfnis, einer sozialen Gruppe anzugehören. Klar, als Einzelgänger hätten wir es schließlich evolutionär betrachtet auch nicht weit gebracht. Ablehnung und Ausschluss aus der Gemeinschaft waren in Säbelzahntiger-Zeiten gleichbedeutend mit dem sicheren Tod. Ihr Steinzeitgehirn hält es also für besser, die Sache mit der Erholung sein zu lassen, um die gleichen Probleme mit anderen zu teilen. Und seien wir ehrlich: Wir leben in einer Stressgesellschaft. Wenn Sie sich nonstop erholt fühlen, können Sie nicht mehr mitreden. Diese Karten möchte ich Ihnen offen auf den Tisch legen. Kein Arbeitsstress, kein Beziehungsstress, kein Erziehungsstress, kein Freizeitstress, kein Urlaubsstress mehr – worüber sprechen Sie denn jetzt mit Ihren Verwandten, Freunden, Bekannten, Kollegen? Und wie reagieren Sie auf die Stresstiraden der anderen? Ich habe einige Antworten für Sie parat und hoffe, Sie damit genügend für Ihr erholtes Leben wappnen zu können.

Zuhören

Vielleicht können und wollen Sie nicht mehr so viel mitreden, wenn es um den Alltagsstress geht, aber Sie können Ihrem Gegenüber trotzdem zuhören. Sie werden überrascht sein, was Menschen Ihnen alles auf Knopfdruck erzählen können, wenn Sie Ihnen bloß Gehör schenken. Dass es sich dabei tatsächlich um ein Geschenk Ihrerseits handelt, werden Sie schnell bemerken, denn Zuhören kann sehr anstrengend sein. Es ist fast ein therapeutischer Prozess, der dabei vonstattengeht: Der Erzählende schüttet sein Herz aus, und Sie geben das von sich, was man in der Psychologie als »soziales Grunzen« bezeichnet. Wissen Sie, was das ist?

Die kurzen Wörtchen »ja«, »hm«, »aha«, »stimmt«, »verstehe«, mit denen Sie Ihr Zuhören signalisieren. Ihr Gegenüber wird sich wahrscheinlich besser fühlen, wenn Sie ihm zugehört haben, und auch Sie spüren etwas Wundervolles in sich: Sich in der Kunst des Zuhörens zu üben, macht Sie nämlich zu einem guten Zuhörer. Sie kreisen nicht länger um sich und Ihre eigenen Probleme, sondern tun einen Dienst am anderen, und das kehrt – wie jede gute Tat – am Ende zu Ihnen selbst zurück. Nicht in Form einer karmischen Belohnung in ferner Zukunft, sondern als direktes Wohlgefühl. Sie erleben sich als verständnisvollen, mitfühlenden, offenen und vertrauenswürdigen Menschen. Das klingt jetzt so, als hätten Sie noch nie in Ihrem Leben jemandem zugehört und wüssten nichts von den heilsamen Auswirkungen eines solchen empathischen Gesprächs, das ist natürlich Unsinn. Aber nehmen Sie es sich mal bewusst vor: Wenn jemand das nächste Mal über Stress klagt, werde ich nichts unbedacht darauf erwidern oder direkt miteinsteigen, sondern den anderen in Ruhe sprechen lassen. Das ist ziemlich schwierig für Sie? Sie wollen Ihrem Gegenüber am liebsten ständig etwas entgegnen? Dann versuchen Sie es mal mit der zweiten Möglichkeit.

Offenheit und Vertrauen

Ihre Nachbarin mag Sie vielleicht überheblich und andersartig finden, wenn Sie von Kognitiver Defusion sprechen, aber es gibt andere Menschen, denen Sie getrost von Ihren neuesten Erkenntnissen berichten können. Vertrauen Sie in Ihre Beziehungen. Ihr Steinzeitgehirn mag panisch den sozialen Ausschluss fürchten, aber Sie können ihm entgegensetzen, dass es durchaus Menschen gibt, die es aushalten, wenn Sie anderer Meinung sind als sie.

Zunächst mag es sich seltsam anfühlen, wenn alle über Stress sprechen und Sie ganz offen über Ihr erholtes Leben reden. Letztendlich werden sich die Menschen in Ihrem Umfeld aber für Sie freuen, dass Sie sich so kraftvoll fühlen, und sie werden früher oder später wahrscheinlich ihr Interesse bekunden, zu erfahren, wie Sie das angestellt haben. Das Gespräch – und vielleicht sogar die ganze Beziehung – kann sich dadurch in eine völlig neue Richtung entwickeln. Das ist ein ganz automatischer Prozess, da Sie etwas anders machen als bisher. Sie haben sich verändert. Sie sind jetzt ein Strandmensch und einen solchen in der Nähe zu haben, werden Ihre Lieben als Bereicherung empfinden und nicht als Bedrohung, die sie mit Abkehr strafen. Also outen Sie sich! Vertrauen Sie darauf, dass es Beziehungen gibt, die davon profitieren, nicht immer über dieselben Stress-Baustellen zu sprechen, sondern über Erholung, über das, was Ihnen guttut und wofür Sie dankbar sind. Das klingt etwas abstrakt. Ganz praktisch funktioniert es am besten, indem Sie Sätze mit den Worten beginnen:

»Ich bin so froh, dass …«

»Mir geht es gut, weil …«

»Weißt du, was ich in letzter Zeit Tolles erlebt/gemacht habe?«

Berichten Sie aus Ihrem erholten Leben. Trauen Sie sich, nicht die alten Stress-Kamellen wieder herauszukramen und durchzukauen. Das mag für Sie klingen, als sollten Sie Ihr Erzählen zensieren, tatsächlich ist aber das Gegenteil der Fall: Studien haben ergeben, dass wir – milde gesagt – dazu tendieren, uns in Gedanken und in Gesprächen auf das zu fokussieren, was in unserem Leben nicht gut läuft. Durch diese einseitige Betrachtung verzerren wir jedoch die Wirklichkeit. Wir können unseren Teil dazu beitragen, diese automatische »Verschlechterung« der Realität zu korrigieren, indem wir bewusst von unseren positiven Gefühlen und Erlebnissen berichten.

Beobachten Sie es mal: Während eines stinknormalen Gesprächs fallen Ihnen garantiert dauernd Dinge ein, die in Ihrem Leben gerade nicht rundlaufen. Es scheint fast so, als würden auch unsere Gesprächspartner so lange nachbohren und mit Fragen alle möglichen Lebensbereiche (Und wie läuft's mit deinen Schwiegereltern? Machst du noch Sport? Gibt es Neues von dieser schrecklichen Kollegin? Was macht Pauls Neurodermitis?) abklopfen, bis sie irgendein problembehaftetes Thema gefunden haben, das für genügend Gesprächsstoff sorgt. Wenn Sie nichts Derartiges zu bieten haben, droht die Unterhaltung nämlich manchmal zu verebben. Ich wurde in solchen Fällen sogar schon gefragt: »Geht es dir eigentlich wirklich gut, oder sagst du das einfach immer?« Lassen Sie sich nicht davon beirren, wenn andere etwas Negatives von Ihnen hören wollen und Ihrem neuen Erleben skeptisch gegenüberstehen – möglicherweise tun sie das bloß, weil sie selbst fürchten, etwas falsch zu machen. Sie dürfen Ihre Aufmerksamkeit auf das lenken, was ganz prima funktioniert, und es zum Gespräch beisteuern. Ich spreche nicht davon, dass Sie sich irgendetwas ausdenken oder an den Haaren herbeiziehen sollen, tatsächlich gibt es unendlich viel Positives zu berichten, wenn Sie sich bloß bewusst auf die innere Suche danach begeben.

Es mag überraschend klingen, aber auch das Sprechen über Erfolge, Glück und Wohlsein erfordert Vertrauen in eine Beziehung. Wie ich gerade schon beispielhaft aufgezeigt habe, kann es Unverständnis oder sogar Neid und Unwohlsein im anderen hervorrufen, dass Sie neuerdings die Ruhe selbst sind. Vielleicht stellen Sie auch fest, dass einige Ihrer Freundschaften gar keine andere Basis als diese Stressgespräche haben, zu denen Sie jetzt nichts mehr beisteuern können und wollen. Sie sollten diese Beziehungen dennoch nicht vorschnell an den Nagel hängen, stattdessen können Sie es mal mit anderem »Gesprächsfutter« versuchen – der dritten Variante im Umgang mit anderen, um Strandmensch in unserer Stressgesellschaft zu bleiben.

Gemeinsame Gegenwart

Erinnern Sie sich noch einmal an meine Aussage, dass sämtliche Probleme ihren Ursprung im Prinzip in der Sprache haben.

Stellen Sie sich mal vor, Sie treffen sich mit einer Freundin im Café, aber es wäre Ihnen unmöglich, sich gegenseitig etwas zu erzählen. Sie würden sich bestimmt trotzdem freuen, Ihre Freundin zu sehen – warum? Weil Sie dieselbe Wirklichkeit teilen, weil Sie zur selben Zeit am selben Ort sind, gemeinsam den leckeren Kaffee schmecken, sich mit Händen, Füßen und einem Lächeln über das tolle Wetter austauschen, sich zur Begrüßung umarmen können. Gemeinsam im Hier und Jetzt zu sein, ist wundervoll, viel wundervoller, als zusammen Probleme zu wälzen, entdecken Sie diese Tatsache! Machen Sie diese Erfahrung täglich!

Gemeinsam schweigen zu können, ist deshalb so wertvoll, weil Sie dadurch zusammen bewusst einfach *da* sind. Wie könnten Sie das konkret umsetzen? Es gibt zwei Wege zu einem achtsamen Miteinander. Die erste Variante lautet: bewusster sprechen.

Das geschieht auf ganz natürliche Weise, wenn Sie sich drei Fragen stellen, die auch als »Die drei Siebe des Sokrates« bekannt sind. Haben Sie Lust auf die dazugehörige Geschichte?

Einst wandelte Sokrates durch die Straßen von Athen. Plötzlich kam ein Mann aufgeregt auf ihn zu.

»Sokrates, ich muss dir etwas über deinen Freund erzählen, der …«

»Warte einmal«, unterbrach ihn Sokrates. »Bevor du weitererzählst – hast du die Geschichte, die du mir erzählen möchtest, durch die drei Siebe gesiebt?«

»Die drei Siebe? Welche drei Siebe?«, fragte der Mann überrascht.

»Lass es uns ausprobieren«, schlug Sokrates vor. »Das erste Sieb ist das Sieb der Wahrheit. Bist du dir sicher, dass das, was du mir erzählen möchtest, wahr ist?«

»Nein, ich habe gehört, wie es jemand erzählt hat.«

»Aha. Aber dann ist es doch sicher durch das zweite Sieb gegangen, das Sieb des Guten? Ist es etwas Gutes, das du über meinen Freund erzählen möchtest?«

Zögernd antwortete der Mann: »Nein, das nicht. Im Gegenteil …«

»Hm«, sagte Sokrates, »jetzt bleibt uns nur noch das dritte Sieb. Ist es notwendig, dass du mir erzählst, was dich so aufregt?«

»Nein, nicht wirklich notwendig«, antwortete der Mann.

»Nun«, sagte Sokrates lächelnd, »wenn die Geschichte, die du mir erzählen willst, nicht wahr ist, nicht gut ist und nicht notwendig ist, dann vergiss sie besser und belaste mich nicht damit!«

Sie werden erstaunt und auch erleichtert sein, wie viele Geschichten es nicht durch diese drei Siebe schaffen.

Studien haben ergeben, dass 85 Prozent unserer Befürchtungen niemals eintreten und wir mit den

15 Prozent der tatsächlich eintretenden Probleme besser umgehen können, als wir befürchtet haben. Diese Erkenntnisse der Forschung sind sehr hilfreich, wenn es um die Frage geht, ob wir etwas notwendigerweise erzählen müssen – sollten wir wirklich dauernd über Probleme sprechen, die wir niemals haben werden? Bewusster zu sprechen ist die erste Möglichkeit, um unseren Alltagsstress nicht in Gesprächen zu vertiefen und in den Vordergrund zu rücken. Die zweite Variante lautet: bewusst fühlen. Es gibt eine simple Methode, um sich der vielen Sinneseindrücke bewusst zu werden, die Ihnen sonst durch die Lappen gehen, sie heißt 5–4–3–2–1. Schon wieder eine Zahlen-Übung! Die Anleitung ist jedoch ganz einfach:

- Werden Sie fünf Dingen gewahr, die Sie sehen.
- Werden Sie vier Dingen gewahr, die Sie mit Ihrem Körper fühlen – die Kleidung auf Ihrer Haut, eine Haarsträhne im Gesicht, die Sessellehne an der Hand, das Polster am Gesäß, den Boden unter Ihren Füßen.
- Bemerken Sie drei Geräusche, die Sie hören.
- Entdecken Sie bewusst zwei Gerüche.
- Werden Sie eines Geschmacks in Ihrem Mund gewahr.

Jetzt kommt das Entscheidende: Teilen Sie Ihrem Gesprächspartner diese direkten Erfahrungen mit. Erleben Sie dadurch gemeinsam das Hier und Jetzt. Nicht auf eine gekünstelte Art und Weise, sondern machen

Sie sich einfach gegenseitig auf das leckere Essen, die außergewöhnlichen Bilder an der Wand, den feinen Kuchenduft und die schöne Musik aufmerksam. Diese kleinen Anker in der Gegenwart bewahren Sie davor, sich gemeinsam dem Stresssumpf hinzugeben.

Veränderung

Ich hatte es schon anklingen lassen: Sich anders zu verhalten, zum Beispiel so, wie in den letzten drei Abschnitten vorgeschlagen, hat unweigerlich Veränderungen zur Folge. Sie wollten doch etwas verändern, deshalb haben Sie begonnen, dieses Buch zu lesen, oder? Sind Sie sich da mittlerweile nicht mehr so sicher? Wollen Sie wirklich zum Strand in Ihrem Kopf umziehen oder machen Sie einen Rückzieher?

Das Erste, was ich jemals bewusst über Psychologie gelernt habe, ist, dass sie die Wissenschaft vom Erleben und Verhalten ist. Als ich damit begonnen habe, praktisch zu arbeiten, habe ich freudig festgestellt, dass Psychologie jedoch nicht bloß eine Theorie ist, sondern eine lebendige Wissenschaft, mit deren Hilfe Sie alles erreichen können, was Sie wollen. Ich verspreche es Ihnen: Wenn Sie die Buchstaben in diesem Buch Teil Ihres Alltags werden lassen, werden Sie sich komplett anders fühlen, Sie werden sich auch anders verhalten und das wird eine gewaltige Veränderung Ihrer Beziehungen und Ihres gesamten Lebens bewirken.

Eine innere Veränderung zu vollziehen, ist im Grunde bloß der erste Schritt, aber die neuen Überzeugungen und Verhaltensweisen auch ins Äußere zu tragen, das erfordert den zu Anfang dieses Kapitels bereits erwähnten Mut. Wir alle haben unseren Platz in der Familie, unserem Freundes- und Bekanntenkreis und in unserem Arbeitsumfeld. Wir fürchten Sätze wie: »Du hast dich aber verändert«, oder: »Was ist denn in letzter Zeit mit dir los?«, oder: »Wir passen nicht mehr zusammen.«

Nicht nur, dass wir diese Sätze von anderen nicht hören wollen, wir wollen sie vor allem auch nicht selbst fühlen. Wir fürchten uns vor Veränderung, weil wir nicht wissen, ob sie wirklich gut ausgehen wird. Doch Sie können die Veränderung ohnehin nicht aufhalten, egal, ob sie sich nun schleichend vollzieht oder ob uns schlagartig klar wird: »Mist, ich muss morgen kündigen«, oder: »Ich kann keine Sekunde länger mit dieser Frau/diesem Mann zusammenbleiben«.

Es ist gut möglich, dass Ihnen während der Lektüre dieses Buches solche Entscheidungen klar geworden oder zumindest durch den Kopf gegangen sind. Wenn Sie sich um Ihre Erholung kümmern, bedeutet das nämlich gleichzeitig, dass Sie selbstfürsorglicher, bewusster und aufmerksamer leben, und dieses Verhalten zieht weite Kreise. Schauen Sie einfach, wohin diese Kreise Sie führen.

Haben Sie auch den Mut, Vorreiter in Sachen Erholung zu werden. Das hört sich in Zeiten der Selbstoptimierung kaum nach etwas Neuem an – schließlich wollen doch alle ständig entspannter werden –, aber erholt zu sein, sich in Ihren mentalen Liegestuhl zu fläzen, ist geradezu ein Akt der Rebellion. Sie erklären Ihre Selbstoptimierung nämlich für abgeschlossen. Sie lassen es im wahrsten Sinne des Wortes gut sein und kümmern sich um das, was da ist. Dabei ist es allein Ihre Entscheidung, wie weit Sie gehen möchten. Setzen Sie alles aus diesem Buch oder gar nichts um, oder irgendetwas dazwischen.

Neulich machte ich mir einen Tee, suchte auf der Packung nach der Ziehzeit und dann stand da: *Jede Zubereitungsart ist die Richtige*. Diese Empfehlung fand ich großartig und ich möchte sie an dieser Stelle gerne an Sie weitergeben. Sie machen nichts falsch, wenn Sie sich dafür entscheiden, dass ein wenig Stress in Ihrem Leben total okay ist und Sie bloß ein paar mehr Kurzurlaube machen wollen. Betrachten Sie die Ratschläge und Empfehlungen in diesem Buch nicht als die absolute Wahrheit, sondern als eine Art Spiel. Das Letzte, was ich möchte, ist nämlich, dass Sie mit sich hadern, weil Sie schon wieder Ihr Ritual vergessen haben oder zu müde für Ihr geplantes Mastery-Erlebnis waren. Es ist ein schmaler Grat, Ihre neue Erholungspraxis nicht zu einer weiteren Sprosse in Ihrem Hamsterrad werden zu lassen. Bevor Sie sich zu sehr um Erholung bemühen und damit einen weiteren Stressfaktor kreieren, bemühen Sie sich lieber um gar nichts. Das meine ich ganz ernst. Sie müssen hier nichts abhaken oder krampfhaft in Ihren Alltag integrieren, wenn es wirklich »Klick« gemacht hat, dann wollen Sie dieses erholte Leben mit Haut und Haaren und Sie werden ganz natürlich Wege finden, um die Ratschläge aus diesem Buch umzusetzen. Wenn es dieses Aha-Erleben noch nicht gab oder es sich mal mehr, mal weniger einstellt, ist das auch in Ordnung. In einer letzten Bitte zusammengefasst: Erzwingen Sie nichts.

Mein innigster Wunsch ist, dass dieses Buch mit Ihren bisherigen Vorstellungen von Erholung aufgeräumt hat, dass Sie sich dem täglichen Stress alles andere als hilflos ausgeliefert fühlen und dass jegliche Veränderung, die Sie in Sachen Erholung in Angriff nehmen möchten, Ihr Leben bereichert.

Erfolgsgeschichten

Nun ist es langsam an der Zeit, mich von Ihnen zu verabschieden. Wenn etwas zu Ende geht, denkt man bekanntlich an den Anfang, und deshalb möchte ich noch einmal zu unseren Modell-Erholungsbedürftigen zurückkehren. Jenni, Nadja und Heike – wie sind ihre Geschichten denn nun ausgegangen? Ich hatte Ihnen ja versprochen, dass sich alle drei im Laufe des Buches bestens erholen werden. Schauen wir uns das mal im Einzelnen an.

Jennis Erfolgsgeschichte

Seitdem Jenni sich darüber klar geworden ist, dass ihr Alltag vollkommen ihren Werten – Fürsorge, Mitgefühl, Erfolg, Wohlstand, Wissen – entspricht, lebt sich die Krankenhausroutine deutlich leichter. Zuvor hatte Jenni das Gefühl, ein Rädchen in einer Maschine zu sein, inzwischen begreift sie sich als Schöpferin ihres eigenen Lebens. Auch ihre Arbeit ist dadurch weniger mechanisch geworden und sie erlebt sich als deutlich ruhiger, empathischer und authentischer, was ihren Lebenswandel positiv verstärkt. Trotzdem ärgert sie sich natürlich manchmal über ihre Arbeitgeber und es plagen sie auch Zweifel, dass zu wenig Zeit für eine zukünftige Beziehung bleiben könnte. Zum einen begegnet Jenni diesen Gedanken mit Kognitiver Defusion – ihre Lieblingstechnik ist das Gedanken-Radio –, zum anderen hat sie inzwischen genügend Kraft, um für die Verbesserung ihrer Arbeitsbedingungen einzustehen. In ihrer Freizeit ist Jenni dazu übergegangen, in der Natur spazieren zu gehen, anstatt sich bloß auf die Couch zu legen, und an freien Wochenenden fährt sie gerne in nahe gelegene Städte und macht Sightseeing. Außerdem hat sie sich eine Entspannungs-CD gekauft, die sie nahezu täglich vor dem Einschlafen hört. Familie und Freunde beschreiben Jenni inzwischen als zufriedener und auch Jenni hat bemerkt, dass sie sich viel weniger über ihre Arbeit beschwert.

Nadjas Erfolgsgeschichte

Früher hat Nadja immer damit gehadert, dass sie extrem wenig Zeit für sich hat, inzwischen kann sie sich sehr gut damit anfreunden. Verbundenheit, Nähe, Liebe – all diese Werte, die ihr inzwischen täglich präsent sind, spürt sie gerade im Zusammensein mit ihrer Familie am deutlichsten, und das gibt ihr Kraft. Außerdem hat Nadja erkannt: Ihr Alltag ist das reinste Mastery-Erlebnis! Sie ist richtig stolz, wie sie alles wuppt, und anstatt diese Leistung einfach so untergehen zu lassen, klopft sie sich nun jeden Abend vor dem Zubettgehen selbst auf die Schulter. Wenn es mit den Kindern anstrengend wird, helfen ihr Atemübungen, um Ruhe zu bewahren, die Vollatmung gelingt ihr in Stresssituationen am besten. Als SMART-Ziel setzt sie sich beinahe täglich eine gesunde Ernährung, sie spürt, dass ihr Körper das braucht, und außerdem tut sie damit etwas im Sinne der Selbstfürsorglichkeit – das klappt auch mit wenig oder keiner Zeit nur für sich. Taucht doch mal ein Zeitfenster auf, kuschelt Nadja sich gerne ins Bett, liest einen Krimi und schaut zwischendurch immer mal wieder bewusst aus dem Fenster und beobachtet die Wolken. Außerdem steigert sie sich sehr in die Vorfreude auf den nächsten Urlaub hinein, Ferienplanung ist ein Gesprächsthema, das in ihrer Ehe inzwischen dominiert – es macht Nadja und ihrem Mann richtig Spaß, darüber zu sprechen, und die Alltagsprobleme geraten in den Hintergrund.

Heikes Erfolgsgeschichte

Heike hat aufgrund ihres Erschöpfungszustands zunächst mit all ihren Freizeitaktivitäten aufgehört. In dieser Pause ist sie zu der Erkenntnis gekommen, dass ihre persönliche Entwicklung tatsächlich ein offener Prozess ist, der niemals zu einem Ende finden wird – Anstrengung und Selbstoptimierung sind hier fehl am Platz. Sie hat beschlossen, weiterhin zu meditieren, aber nicht in einer Gruppe, sondern ganz für sich allein zu Hause. Außerdem ist sie neulich im Park joggen gewesen, die Bewegung im Freien hat ihr sehr gutgetan und Heike hat bemerkt, dass sie gar keine teuren Fitnessstudios braucht. Es fällt ihr immer noch schwer, sich das einzugestehen, aber: Sie hat viele Kurse und Reisen bloß gebucht, weil sie es sich leisten konnte, aber um sich kraftvoll und wohlzufühlen, braucht es viel weniger. Sie hat daher beschlossen, ihr Geld für Menschen zu spenden, denen es an Essen, Kleidung und einem Dach über dem Kopf fehlt. Heike hat dem Gedanken an eine eigene Familie zwar abgeschworen, aber irgendwie fühlt sie sich durch dieses soziale Engagement plötzlich völlig Fremden verbunden, ganz so, als würde sie nicht nur einen Dienst am anderen, sondern auch an sich selbst tun. Heike hat nun viel mehr Zeit, weil sie nicht mehr von einer Beschäftigung zur anderen hetzt, allerdings bringt dieser äußere Leerlauf auch inneren Leerlauf mit sich. Sie erkundet dieses neue Erleben nun ebenso neugierig, wie sie früher ein fernes Land kennengelernt hat, und diese Neugierde und Offenheit schenkt ihr genügend Abstand, um nicht im Gefühl der Einsamkeit zu versinken. Die Erfahrung, mit allen möglichen Gefühlen und Gedanken umgehen zu können, die sie insgeheim immer gefürchtet hat, beschert ihr außerdem mehr Freiheit und Unabhängigkeit, als sie sich je hätte träumen lassen. Wenn Heike in den Urlaub fährt, muss es deshalb gar nicht mehr weit weg sein, ein schönes Wellness-Hotel in der Gegend reicht ihr vollkommen.

Ihre Erfolgsgeschichte

Jede Zubereitungsart ist die Richtige. Genauso ist jede Erfolgsgeschichte die Richtige, auch wenn sich Ihre vielleicht ganz anders anhört als die von Jenni, Nadja und Heike. Behalten Sie das im Hinterkopf, wenn Sie der wild gewordene Pumuckl in Ihrem Kopf ermahnt, wieder mehr für Ihre Erholung tun zu müssen, um sich irgendwie anders zu fühlen, als Sie es tun. Es ist gar nicht der Punkt, sich abzumühen und eine Liste abzuarbeiten, es geht darum, durch Ausprobieren zu den Erholungstechniken zu kommen, die für Sie funktionieren.

Ich würde mich sehr freuen, wenn Sie mir eine E-Mail (muschelsammeln@gmx.de) schreiben und mir von Ihren Erkenntnissen auf diesem Weg berichten. Was hat für Sie funktioniert? Hat sich etwas in Ihrem Leben geändert? Erzählen Sie mir gern Ihre Geschichte.

Und nun zu den Kernaussagen dieses letzten Kapitels:

Ein erholtes Leben zu führen und sich dadurch zu verändern, erfordert Mut.

Zuhören, Vertrauen und achtsam sein sind drei wichtige Werkzeuge, um Erholung auch in unseren Beziehungen aufrechterhalten zu können.

Jede Zubereitungsart für Erholung ist die Richtige.

~

Die Schlüsselsätze-Sammlung

Wissen

Erholung ist das Zurückholen meiner geistigen und körperlichen Kräfte.

Mein Erholungsbedürfnis ist eine vollkommen richtige und wertvolle Wahrnehmung.

Alles, wofür wir Kraft aufwenden, bedarf auch Regeneration.

Kurzzeitiger Stress okay, langfristiger Stress ade!

Erholung beginnt mit einem Ritual.

Training

Erholung besteht aus vier Elementen.

Erholung erfordert gedankliches Abstandnehmen zum Alltag.

Gedankliches Abstandnehmen geschieht durch Kognitive Defusion oder Flow-Aktivitäten.

Erholung entsteht durch die bewusste Bewältigung von Herausforderungen.

Erholung erfordert Selbstbestimmung.

Selbstbestimmung ist jederzeit durch die Verbindung mit unseren Werten oder das Erreichen von Zielen möglich.

Erholung durch Entspannung geschieht durch die wechselseitige Beruhigung von Körper und Geist.

Bauplan

Die Beschäftigung mit Werten und Kognitive Defusion sind das Fundament der Erholung.

Um Erholung aktiv zu gestalten, müssen wir aus den Erholungsbausteinen Gegenwelten erzeugen.

Urlaubserholung funktioniert am besten durch mehrere Kurztrips über das Jahr verteilt.

Auch im Urlaub sollten wir Gegenwelten erzeugen.

Die Natur hilft uns beim Erholen.

Ein erholtes Leben zu führen und sich dadurch zu verändern, erfordert Mut.

Zuhören, Vertrauen und achtsam sein sind drei wichtige Werkzeuge, um Erholung auch in unseren Beziehungen aufrechterhalten zu können.

Jede Zubereitungsart für Erholung ist die Richtige.

Quicktipps

Wahrscheinlich haben Sie sich die ganze Lektüre über gefragt, was es denn jetzt mit den auf der ersten Seite versprochenen Quicktipps auf sich hat! Nun ist es *endlich* an der Zeit, dieses Geheimnis zu lüften. Meine Quicktipps für Erholung bestehen aus einem Schlagwort, das Sie sich merken können, und einer kurzen Erklärung, die Sie nach einem Mal lesen wahrscheinlich gar nicht mehr brauchen.

1. Freestyle

Ich habe Ihnen zwar eine Menge über Erholung erzählt, im Grunde genommen wissen Sie aber am allerbesten, was Sie brauchen – Sie müssen es sich in akuten Stresssituationen nur fragen und es sich dann erlauben. Was könnten Sie jetzt denken oder tun, um Kraft zu tanken? Quicktipp: Denken oder tun Sie es!

2. Atmen

Werden Sie sich bewusst, dass Sie atmen. Sie müssen keine komplizierten Atemübungen machen, sich Nasenlöcher zuhalten oder sonstiges. Wenn Sie schnelle Erholung brauchen: Werden Sie sich einfach darüber bewusst, dass Sie atmen. Quicktipp: Ihr Atem merkt das und wird sich daraufhin sofort vertiefen!

3. Flow-Mantra
Sie kennen schon das Werte-Mantra, es gibt auch noch ein Flow-Mantra und das lautet: *Ich bin im Flow*. Dieser Satz erinnert Sie daran, dass es vollkommen egal ist, was Sie tun oder wie gestresst Sie sind. Ihr Wesenskern, Ihre innere Kraftquelle, ist immer im Flow. Erinnern Sie sich daran. Quicktipp: Sie sind im Flow!

4. Meilensteine
Sie haben keine Zeit für ein Mastery-Erlebnis? Dann denken Sie bitte an drei Meilensteine in Ihrem Leben, drei Erfolge, die Sie zu verbuchen haben und auf die Sie stolz sind. Führen Sie sich diese erbrachten Leistungen vor Augen, wenn Sie sich erschöpft fühlen, und schwelgen Sie in dem wundervollen Gefühl. Quicktipp: Sie sind genug!

5. Schlüsselsätze
Die obige Sammlung der Schlüsselsätze belebt noch einmal alle Inhalte, über die Sie etwas in einer längeren Version gehört haben. Lesen Sie sich die Liste der Schlüsselsätze durch und Sie werden sich gedanklich an alle Themen zurückerinnern – ein Quicktipp, der enorm helfen kann, wenn Sie den ein oder anderen Aspekt vollkommen aus den Augen verloren haben. Quicktipp: Erinnern Sie sich!

Danksagung

Dieses Buch hätte nicht entstehen können, wenn sich nicht zahlreiche WissenschaftlerInnen vor mir mit dem Thema Erholung auseinandergesetzt und ihre Ergebnisse publiziert hätten – daher möchte ich mich herzlich bei allen ForscherInnen bedanken, deren Studien ich lesen und deren Erkenntnisse ich hiermit weitertragen sowie für meine tägliche Praxis nutzen kann.

Ich bedanke mich bei meinem Yoga-Lehrer, Edgar Arzenbacher, der Großes für die Erholung zahlreicher Menschen (inklusive meiner Wenigkeit) tut und aus dessen Unterricht einige der Übung entlehnt sind. Bedanken möchte ich mich außerdem bei meinem Mann und meiner Mutter, die mir genügend Zeitfenster zum Schreiben verschafft haben, in denen ich nicht gleichzeitig stillen und schreiben musste, sondern mich ausschließlich auf dieses Buch konzentrieren konnte. Es war dem Inhalt und der logischen Struktur wahrscheinlich sehr zuträglich. Außerdem bin ich meiner Agentin Katrin Kroll von der Agentur Eggers sehr dankbar, die sofort begeistert vom Thema Erholung war, das Manuskript so schnell vermittelte und die Idee zum Kapitel »Erholung im Urlaub« beisteuerte. Bedanken möchte ich mich zudem bei meinen Lektorinnen Marieke Schönian und Julia Weilbach, die mit großem Interesse und Enthusiasmus mit mir zusammenarbeiten, und bei Ulrike Gallwitz für die hervorragende Arbeit am Text. Und nun, zu guter Letzt: Vielen, vielen Dank, liebe Leserin, lieber Leser, dass du dieses Buch in den Händen hältst. Mein großer Wunsch ist es, dass dein Vertrauen, deine Neugier – oder was immer dich zum Lesen bewogen hat – sich gelohnt haben und du viele neue Anregungen gefunden hast, mit denen du deinen Alltag erholsamer gestalten kannst. Danke!

Buchempfehlungen

(die gleichzeitig als Quellen für dieses Buch dienten)

Bucay, J. (2008). *Komm, ich erzähl dir eine Geschichte.* Fischer Taschenbuch.

Eiko (2017). *Easy Splits: Wie Spagatlernen Ihr Leben verändert.* Rowohlt Taschenbuch.

Harris, R. (2010). *Wer dem Glück hinterherrennt, läuft daran vorbei: ein Umdenkbuch.* Kösel-Verlag.

Kaluza, G. (2018). *Gelassen und sicher im Stress.* Springer Verlag.

Long, A., & Schweppe, R. (2009). *Die 7 Geheimnisse der Schildkröte: Den Alltag entschleunigen, das Leben entdecken.* Lotos.

Rinpoche, Y. M. (2007). *Buddha und die Wissenschaft vom Glück.* Goldmann.

Spenst, D. (2018). *Das 6-Minuten-Tagebuch.* UrBestSelf Publishing.

Weitere Quellen

A-Tjak, J.G., Davis, M.L., Morina, N., Powers, M.B., Smits, J.A., & Emmelkamp, P.M. (2015). A meta-analysis of the efficacy of acceptance and commitment therapy for clinically relevant mental and physical health problems. *Psychotherapy and Psychosomatics*, 84(1), 30–36.

Bach, P., & Hayes, S.C. (2002). The use of acceptance and commitment therapy to prevent the rehospitalization of psychotic patients: A randomized controlled trial. *Journal of consulting and clinical psychology*, 70(5), 1129.

Baumeister, R.F., Bratslavsky, E., Finkenauer, C., & Vohs, K.D. (2001). Bad is stronger than good. *Review of general psychology*, 5(4), 323.

Brinkborg, H., Michanek, J., Hesser, H., & Berglund, G. (2011). Acceptance and commitment therapy for the treatment of stress among social workers: A randomized controlled trial. *Behaviour research and therapy*, 49(6–7), 389–398.

Brown, R.P., & Gerbarg, P.L. (2005). Sudarshan Kriya Yogic breathing in the treatment of stress, anxiety, and depression: part II – clinical applications and guidelines. *Journal of Alternative & Complementary Medicine*, 11(4), 711–717.

Csíkszentmihályi, M. (2018). *Flow. Das Geheimnis des Glücks.* Klett-Cotta.

De Bloom, J., Kompier, M., Geurts, S., de Weerth, C., Taris, T., & Sonnentag, S. (2009). Do we recover from vacation? Meta-analysis of vacation effects on health and well-being. *Journal of Occupational Health*, 51(1), 13–25.

Dunbar, R. I. (2012). Social cognition on the internet: testing constraints on social network size. *Philosophical transactions of the Royal Society B: Biological Sciences*, 367(1599), 2192–2201.

Dunn, A. L., Trivedi, M. H., Kampert, J. B., Clark, C. G., & Chambliss, H. O. (2005). Exercise treatment for depression: efficacy and dose response. *American journal of preventive medicine*, 28(1), 1–8.

Feldman, G., Greeson, J., & Senville, J. (2010). Differential effects of mindful breathing, progressive muscle relaxation, and loving-kindness meditation on decentering and negative reactions to repetitive thoughts. *Behaviour Research and Therapy*, 48(10), 1002–1011.

Fritz, C., Sonnentag, S., Spector, P., & McInroe, J. (2010). The weekend matters: Relationship between stress recovery and affective experiences. *Journal of organizational behavior*, 31, 1137–1162.

Gebhard, U., & Kistemann, T. (2016). *Landschaft, Identität und Gesundheit*. Springer VS.

Gilbert, D., & Abdullah, J. (2002). A study of the impact of the expectation of a holiday on an individual's sense of well-being. *Journal of Vacation Marketing*, 8(4), 352–361.

Hahn, V., Binnewies, C., Sonnentag, S., & Mojza, E. (2011). Learning how to recover from job stress: Effects of a recovery training program on recovery, recovery-related self-efficacy and well-being. *Journal of Educational Health Psychology*, Vol. 16, No. 2, 202–216.

Hayes, S. C., & Smith, S. (2007). *In Abstand zur inneren Wortmaschine. Ein Selbsthilfe- und Therapiebegleitbuch auf der Grundlage der Akzeptanz- und Commitment-Therapie (ACT)*. dgvt, Tübingen Google Scholar.

Heinemann, H. (2015). *Warum Stress glücklich macht. Oder: Wieso wir aufhören sollten zu entspannen.* Adeo Verlag.

Hinton, M. J., & Gaynor, S. T. (2010). Cognitive defusion for psychological distress, dysphoria, and low self-esteem: A randomized technique evaluation trial of vocalizing strategies. *International Journal of Behavioral Consultation and Therapy*, 6(3), 164.

Killingsworth, M. A., & Gilbert, D. T. (2010). A wandering mind is an unhappy mind. *Science*, 330(6006), 932.

Krekel, C., Kolbe, J., & Wüstemann, H. (2016). The greener, the happier? The effect of urban land use on residential well-being. *Ecological Economics*, 121, 117–127.

Kreutz, G. (2014). *Warum Singen glücklich macht.* Psychosozial-Verlag.

Krüger, T. H., Haake, P., Chereath, D., Knapp, W., Janssen, O. E., Exton, M. S., … & Hartmann, U. (2003). Specificity of the neuroendocrine response to orgasm during sexual arousal in men. *Journal of Endocrinology*, 177(1), 57–64.

Lally, P., van Jaarsveld, C. H., Potts, H. W., and Wardle, J. (2010). How are habits formed: Modelling habit formation in the real world. *European journal of social psychology*, 40(6), 998–1009.

Nawijn, J., Marchand, M. A., Veenhoven, R., & Vingerhoets, A. J. (2010). Vacationers happier, but most not happier after a holiday. *Applied Research in Quality of Life*, 5(1), 35–47.

Nindl, A., Längle, A., Gamsjäger, E., & Sauer, J. (2006). Zwischen existentieller Sinnerfüllung und Burnout: eine empirische Studie aus existenzanalytischer Perspektive. *Psychotherapie Forum*, 14(3), 153–159.

Norton, M. I., & Gino, F. (2014). Rituals alleviate grieving for loved ones, lovers, and lotteries. *Journal of Experimental Psychology: General*, 143(1), 266.

Pajares, F. (1996). Self-efficacy beliefs in academic settings. *Review of educational research*, 66(4), 543–578.

Pawlow, L. A., & Jones, G. E. (2002). The impact of abbreviated progressive muscle relaxation on salivary cortisol. *Biological Psychology*, 60(1), 1–16.

Sachs, M. (2011). *Grundgesetz*. U. Battis, H. Bethge, H. J. Bonk, C. Coelln, C. Degenhart, S. Detterbeck, … & W. Höfling (Eds.). Beck, CH.

Schanz, V. (2018). *Bei sich selbst ankommen: Eine achtsame Entdeckungsreise*. Klett-Cotta.

Siltaloppi, M., Kinnunen, U., & Feldt, T., (2009). Recovery experiences as moderators between psychosocial work characteristics and occupational well-being. Work & Stress, 23, 330–348.

Sonnentag, S., & Fritz, C. (2007). The Recovery Experience Questionnaire: Development and validation of a measure for assessing recuperation and unwinding from work. *Journal of Occupational Health Psychology*, 12(3), 204–221.

Techniker Krankenkasse (2016). *Entspann Dich, Deutschland! TK-Stressstudie.* Techniker Krankenkasse, Print.

Vohs, K. D., Wang, Y., Gino, F., & Norton, M. I. (2013). Rituals enhance consumption. *Psychological Science*, 24(9), 1714–1721.

Wagner, U., Gais, S., Haider, H., Verleger, R., & Born, J. (2004). Sleep inspires insight. *Nature* 427(6972), 352–355.

Weiner, B. (1986). *An attributional theory of motivation and emotion.* Springer.

Wilhelm, I., Rose, M., Imhof, K. I., Rasch, B., Büchel, C., & Born, J. (2013). The sleeping child outplays the adult's capacity to convert implicit into explicit knowledge. *Nature Neuroscience*, 16(4), 319.

Wilson, T. D., Reinhard, D. A., Westgate, E. C., Gilbert, D. T., Ellerbeck, N., Hahn, C., Brown, C. L., & Shaked, A. (2014). Just think: The challenges of the disengaged mind. *Science* 345(6192), 75–77.

Wittchen, H.-U., & Hoyer, J. (2006). *Klinische Psychologie und Psychotherapie*. Springer Medizin Verlag.

Victoria Bindrum, geboren 1987, ist Diplom-Psychologin und unterstützt Menschen in Problemsituationen bei der Wiedererlangung ihrer beruflichen und privaten Orientierung. Die Faktoren zur Entstehung und Aufrechterhaltung von Erholung und Wohlbefinden sind ihr absolutes Herzensthema. Sie lebt mit ihrem Mann und ihren zwei Kindern in Berlin.